成大事者
善沟通

张 乐 编著

辽海出版社

图书在版编目（CIP）数据

成大事者善沟通 / 张乐编著 . — 沈阳：辽海出版社，2017.10

ISBN 978-7-5451-4431-4

Ⅰ.①成… Ⅱ.①张… Ⅲ.①心理交往—通俗读物 Ⅳ.① C912.11-49

中国版本图书馆 CIP 数据核字（2017）第 249651 号

成大事者善沟通

责任编辑：柳海松
责任校对：丁　雁
装帧设计：廖　海
开　　本：630mm×910mm
印　　张：14
字　　数：155 千字
出版时间：2018 年 3 月第 1 版
印刷时间：2018 年 3 月第 1 次印刷

出版者：辽海出版社
印刷者：北京一鑫印务有限责任公司

ISBN 978-7-5451-4431-4　　　　　定　价：68.00 元
版权所有　翻印必究

序 言

沟通是一门艺术，更是一门学问。

在日常生活中，我们无时无刻不在跟人沟通。坐车的时候跟售票员沟通，买东西的时候跟售货员沟通，回家的时候跟父母沟通，工作的时候跟同事沟通……？

相信你的回答是肯定的，但你忽略了，在你跟别人说话的时候，为什么有的人就不喜欢，总会找个借口回避或者离开呢？

俗话说：世界上没有完全相同的两片叶子，也没有完全相同的两个人。所以说，不管是人和人沟通，还是企业与企业沟通，都要讲究方法。学会沟通方法，你才会在跟别人交流的时候游刃有余；学会沟通方法，你才能将自己的优势展现得淋漓尽致；学会沟通方法，才能把有用的资源整合起来，从而让自己一步一步迈向成功。

这是一个开放的时代，这是一个相互合作的时代，这是一个沟通合作的时代。古人语："一言可以兴邦，一言可以亡国"。而今天，沟通作为一种必备的个人素质，其重要性已不言而喻，

成大事者善沟通

对于个人的成败荣辱具有至关重要的作用。

沟通，其实就是好好说话。会沟通的人，纵然口若悬河，滔滔不绝，听者也不以为苦；纵然片言只语，一字千金，也能绕梁三日。语言真是神奇，一句话说得好，就可能福从口入；一句话说得不好，就可以祸从口出。一句话可化友为敌，引发一场争论甚至导致一场战争；一句话也可以化敌为友，冰释前嫌，带来非凡的荣誉和事业的成功。

所以说，我们每个人都要学会沟通，成大事者善沟通。本书就是从这个角度出发，为读者传授沟通的技巧，从而让自己舌灿莲花，左右逢源！

目 录

第一章 成大事者善沟通，沟通的力量是无穷的

这是一个沟通的时代……………………………………2
沟通是决定人生成败的关键……………………………5
沟通，需要良好的表达方式……………………………7
沟通的基础方式和礼仪…………………………………10
身份不同，沟通的方式也不同…………………………15

第二章 沟通，从开口就赢得好感

自我介绍可以更精彩……………………………………18
称呼得体是最好的见面礼………………………………20
介绍他人需要准确再精确………………………………22
寒暄，让对方如沐春风…………………………………25
使对方愿意听我们说话…………………………………27
八个方面赢得开场好印象………………………………30
时刻都谨记说一声谢谢…………………………………36

第三章　沟通，把握好时机

说话的火候一定要把握好……………………………40

语言一定要注意准确性………………………………41

能言善辩也是一种艺术………………………………44

一言既出，驷马难追…………………………………46

判断好说话的最佳时机………………………………47

无理的行为用妙语反击………………………………49

说话的忌讳一定要注意………………………………53

找到共同话题…………………………………………55

第四章　沟通，用环境来点缀

语境会影响说话的效果………………………………58

说话的时境一定要注意………………………………59

特定的场合，特定的方式……………………………61

说话看背景……………………………………………63

怎样利用自然环境……………………………………65

第五章　沟通，别毁在细节上

日常会话中应注意的事项……………………………68

会谈时避免常犯的小毛病……………………………70

办事交谈应注意这些问题……………………………72

日常交谈的三大禁忌…………………………………74

说话中的一些毛病要克服……………………………78

活跃社交气氛的十个方法……………………………81

第六章 沟通，用准确的语言表述准确的意愿

学会有效表达…………………………………………86

生活中要记得多思多想………………………………89

掌握一点提问的艺术…………………………………93

掌握一点回答的艺术…………………………………95

与人说话，你要打好腹稿……………………………96

会表达才好沟通………………………………………98

第七章 沟通，你应该言之有度

以情理服人，入情入理……………………………… 102

把握原则也要记得变通……………………………… 103

永远都要"有话好好说"……………………………… 104

听懂别人的话再说话………………………………… 106

开口前先了解状况…………………………………… 107

说话时你要懂得换位思考…………………………… 109

说话时不要总自以为是……………………………… 110

第八章 沟通，你要给彼此留有余地

设法保住别人的面子…………………………………… 114
勿揭人短，勿戳人痛…………………………………… 118
做事留有余地…………………………………………… 120
永远不要说"你错了"…………………………………… 122
巧妙应对羞辱的话……………………………………… 125
坦然面对别人的攻击…………………………………… 128
永远不要把话说绝……………………………………… 132
学会对他人进行反击…………………………………… 134

第九章 沟通，要记得点到即止

说话不妨拐点弯………………………………………… 138
批评时要照顾对方的感受……………………………… 140
间接地指出别人的过失………………………………… 143
批评时不可先入为主…………………………………… 145
批评时，没完没了是大忌……………………………… 146
幽默的批评最有效……………………………………… 147

第十章 沟通，让幽默给你的谈吐加分

幽默感非常重要………………………………………… 150
幽默离不开智慧………………………………………… 151

幽默所要注意的原则 ················· 153
自嘲的妙处 ····················· 155
掌握幽默的技巧 ··················· 157
紧贴生活的幽默最有效 ················ 158
幽默，轻松化解棘手问题 ··············· 160

第十一章　沟通，言之有理让人口服心服

说服不同于争执 ··················· 166
说服他人要遵循的原则 ················ 167
找到说服别人的最佳突破点 ·············· 170
说服他人，从三方面入手 ··············· 172
说服他人的实用方法 ················· 175
说服方式要灵活改变 ················· 177
最终要取得信任 ··················· 180
说服人的关键在于理由 ················ 181

第十二章　沟通，你要学会巧妙说不

倾听，拒绝他人也要真心 ··············· 186
学会轻松地对他人说"不" ·············· 187
委婉拒绝别人的艺术 ················· 190
关键时候不妨大胆说"不" ·············· 193

讲究说"不"的策略·· 195

拒绝他人时要注意的禁忌·· 198

五种技巧教你谢绝他人·· 200

巧妙地进行推辞·· 202

第十三章　沟通，你要学会真诚赞美

赞美别人并非贬低自己·· 206

赞美他人的基本方法·· 208

学会正确赞美·· 211

赞美他人必须遵循的原则·· 213

第一章

成大事者善沟通，沟通的力量是无穷的

会沟通的力量是巨大的，会说话的优势是明显的。在沟通的背后，体现了一个人的品格、修养、才学和城府。在沟通的过程中，口才好总会受人欢迎、受人尊敬。

这是一个沟通的时代

不同的人有不同的观点，不同的组织有不同的理念，不同的国家有不同的文化。

有效沟通能够满足人们彼此交流的需要，有效沟通能够使人们达成共识，更多地合作；有效沟通能够获得有价值的信息，使个人进行清晰的思考，有效把握所做的事情变化。正是由于这如此多的"不同"，矛盾和误会不可避免。但是，聪明者总是用语言来化解隔阂，解决问题；愚蠢的人总是挥舞着拳头来使矛盾激化，制造事端。征服一个人，以至于征服一群人，用的往往不是刀剑，而是舌尖。

老孙要去与总经理争论，"我们虽然是工人，但是我们也是人，怎么能动不动就加班，连个慰问都没有！年终奖金也没有几个钱。"老孙出发之前，义愤填膺地对同事们说，"我要好好训训那个自以为是的经理。"

"我姓孙，和经理约好的。"老孙对经理秘书说。

"是的是的，经理在等您，不过不巧，有位客户临时有急事找经理，麻烦您稍等一下。"秘书客气地把老孙带到会客室，请他坐下，又堆上一脸笑，"您是喝咖啡还是喝茶？"

"我什么都不喝。"老孙小心翼翼地坐进大沙发。

"总经理特别交代，如果您喝茶，一定要泡上好的龙井。"

"那就茶吧！"

不一会儿，秘书小姐端进连着茶托盘的盖碗茶，又送上一碟小点心："您慢用，总经理马上出来。"

"我是老孙，你没有弄错吧！"

"当然没有弄错，您是公司元老，经理经常说你们最辛苦了，一般同事加班到八点，你们得忙到九点，心里实在过意不去。"

正说着，经理已经大跨步地走出来，跟老孙握手："听说您有急事？不好意思我来晚了。"

"其实，也……也……也没什么大不了的，几位工友叫我来看看经理您……"

不知道为什么，老孙那一肚子不吐不快的怨气，一下子全不见了。临走还不断对经理说："您辛苦，您辛苦，打扰了！"

通过秘书小姐的沟通，在经理还没有出面的时候，问题就已经解决了一半。

事实上，在每个组织当中都不应当出现争执，只要我们能够善用沟通，能够用沟通化解隔阂，让彼此敞开心扉，即使对峙双方实力悬殊，能够通过言语沟通解决的问题何必以强凌弱呢？

1942年，美英两国决定不开辟第二战场，而开辟非洲战场，即"火炬计划"。为了表示诚意，丘吉尔亲自到莫斯科与斯大林会谈。

斯大林严厉地质问："据我所知，你们不想用大量的兵力来开辟第二战场，甚至也不愿意用6个师登陆了。"

"的确如此，斯大林阁下。"丘吉尔诚恳地说，"事实上，我们有足够的兵力登陆，但是我们觉得现在在欧洲开辟第二战

—3—

场还不是时候，因为这有可能破坏我们明年的整个作战计划。战争是残酷的，不是儿戏。我们不能轻易作出某一决策。"

斯大林的脸色更加难看了，厉声说："对不起，阁下，您的战争观与我的不同，在我看来战争就是冒险，没有这种冒险的精神，何谈胜利？我真是不明白，你们为什么那么害怕德军呢？"气氛紧张起来。丘吉尔看到斯大林的态度如此坚决，为了打破令人窒息的气氛，只好转变话题，谈谈对德国轰炸的问题。经过这番谈话后，紧张的气氛有所缓和，斯大林的脸上也出现了一丝笑意。

丘吉尔认为现在是说出英美两国商定的"火炬计划"的时候了，于是说："尊敬的阁下，现在来谈谈法国登陆的事情吧，我是专门为这而来的。事实上，我认为法国并非是唯一的选择，我们和美国人制定了另外一个计划。美国总统罗斯福先生授权我把这个计划秘密地告诉您。"

斯大林看丘吉尔一副神秘的表情，不禁对这个"火炬计划"产生了兴趣。丘吉尔简单地介绍了"火炬计划"的内容，斯大林很感兴趣，还谈了他对这个计划的理解和意见，丘吉尔表示赞同。

此时，虽然斯大林对英美推迟在法国登陆的事情不悦，但是气氛已明显缓和。丘吉尔又继续说："我们还打算把英美联合空军调到苏联军队南翼，以支援苏军。"这回斯大林的脸上才露出了满意的表情。至此会谈已是云开雾散。

紧接着，丘吉尔顺水推舟，说道："现在我们三国已经建立联盟，我相信只要我们齐心协力，就一定能够取得胜利。"这样，斯大林最终接受了"火炬计划"。丘吉尔见斯大林心情不错，随即说:"尊敬的阁下,您已经原谅我了吗?"斯大林哈哈一笑,说:"这一切都已经过去了,过去的事情应该归于上帝。"

"一言可以兴邦,一言可以丧邦",在解决国与国之间关系的外交领域,口才的重要作用主要体现在外交谈判以及化解经济、军事、贸易等重要冲突的外交斡旋中,对此,古今中外的远见卓识者和成功的政治家历来都给予了高度的重视,无不把高超的外交谈判和斡旋能力作为实现政治目标的首要手段。

这是一个沟通的年代,世界的主流是崇尚文明与发展的,当强国企图吞并弱国,战争迫在眉睫的时候;当自己国家的尊严受到伤害,被人无礼践踏的时候;当国与国之间发生利益纠纷,矛盾即将激化的时候。不是用拳头解决问题,而是用舌头来化解危机。这就是沟通的力量。

沟通是决定人生成败的关键

第二次世界大战期间,美国因为参战而必须动员大批青年服兵役,但多数美国青年过惯了舒适生活,担心自己的生命会骤然消失,于是纷纷抵制美国五角大楼发出的征召令。其中,俄亥俄州的地方行政长官已经是第五次被参谋长联席会议主席训斥得灰头土脸。

他表示:他已经说得口干舌燥,却仍然无法说服那些懦弱且意见纷杂的青年。正当他焦头烂额之际,有人向他介绍了一位大名鼎鼎的心理学家。

成大事者善沟通

这位心理学家经过一番精心准备之后，信心十足地来到募兵现场。当他面对台下东张西望的青年时，先沉默了五分钟，然后用浑厚的男中音开始进行演讲：

"亲爱的孩子们，我和你们一样，特别珍惜自己的生命。"

青年们见他颇有学者风度，说话又切合自己的胃口，便开始安静下来聆听。

"首先我要提醒大家，热爱生命是无罪的，因为，我们每个人都只有一次生命。凭良心说，我同样反对战争、恐惧死亡，如果要求我到前线去，我也会和大家一样想逃避这项命令。

"但是，我也存在另外一种侥幸心理：假如我服兵役，可能只有一半的几率会上前线作战，因为也有可能会留在后方；即使上了前线，我作战的可能性同样也只有一半，因为说不定我会成为某长官的左右手而留在安全地区；万一我不幸必须扛起枪，受伤的可能性仍然只有一半；即使不幸挂彩，如只有轻伤也不致受到死神的召唤，因此，我实在没有担忧的理由；如果是重伤，或许在医生的帮助下也有可能逃离地狱的鬼门关；就算真的运气不好，如果我不幸为国捐躯，亲人和朋友也将替我感到骄傲，我的父母不但会受颁一枚最高勋章，还可得到一笔数量可观的抚恤金和保险金，邻居小孩子们会以我为英雄，把我当成偶像来崇拜。而我，一位伟大的战士也进入天堂，来到慈祥的天父身边，说不定还会见到万人敬仰的华盛顿将军。"

听完这段演讲，本来极力抗拒上战场的青年们纷纷表示愿意赌一赌，他们或者是想当英雄，或者是有人家境不好，万一出事可领巨额抚恤金。

就这样，心理学家的一席话，攻下了青年们的心理弱点，让他们成功地被说服。

实际上，这位心理学家只是发挥他善于操纵别人情感的特长而已。如同催眠师一般，他先瓦解对方坚固的防御心理，进而掌握他们潜意识下的心理需求，然后将他们一步步引入预先布下的网络中，最后巧妙地操纵对方情感，使其轻易就范。

如果你在与人谈话的过程中，特别坚持自己的主张和观点，试图使自己彻底击溃对方而占得上风，那对方反而会加强防范、顽固对抗，结果就会适得其反。

这时你应该先顺应对方的意思，肯定对方的想法，再有意无意地以伪装过的说法表达自己想说的话，才不会让对方发现你的意图。

说话的力量是巨大的，说话的智慧是无穷的。在说话的背后，体现了一个人的品格、修养、才学和城府。口才是学识、才干和智慧的重要标志，是想象力、创新力、应变力及人际交往能力的综合表现。口才好总会受人欢迎、受人敬佩，而懂不懂得"直击人心的说话艺术"，更是决定你人生成败的关键。

沟通，需要良好的表达方式

我们与人交往时，说话的内容固然重要，但别人对你的评价如何，你给别人的印象是好是坏，很大程度上是由你的语言表达方式决定的。

因此，应该承认，在社会交往中注意自己的说话方法，是开口说话至关重要的一个环节。

有的时候，谈话的重点会在我们轻松自在的说话中明显地表达出来；有的时候，我们以平和的心态与人说话，也会留给对方深刻的印象；有的时候，我们怒气冲冲地与人讲话，也能获得别人的好感；甚至有时候我们与人说话时心不在焉，却依然能够表达自己要讲的意思。

这是为什么呢？这就是因为在不同心态下用不同的说话方法，可以决定我们能否把该强调的重点充分地表达出来。

当然，一个人在与他人说话的时候，始终保持一份好的心情，肯定能加深别人对他的好感；反之，说话时装模作样、自命不凡、优越感太强的人，便不会得到别人的认同。朋友也会离他越来越远。

说话应该做到条理分明，因为有关你的工作能力、教育程度、知识水平、兴趣爱好、审美追求等许多方面的情况，皆是通过你的言谈表现出来的。一个说话东拉西扯而没有层次的人，很难让人明白他究竟想要说什么。

所以，一个人说话不能掌握正确的方法，不能强调重点，言语没有分寸，他的社交活动肯定劳而无获，不会有什么好结果。

任教于美国明尼苏达教育学院的罗伯·格林教授，曾请求参加一次研讨会的75位来宾分别写下自己焦虑不安的原因。

结果，令人焦虑不安的主要原因有：

"当我还没有讲完话的时候，其他的人已开始发表自己的意见，使得我的话头被打断。"

"不听别人讲话,自己一味地说。"

"在讨论会上,别人只想发表意见,而忽视自己的言论。"

"说话时有被人轻视的感觉。"

"话讲到一半,忽然被人打断。"

"怕讲不明白。"

"怕没讲明白。"

"对方是否在认真听。"

"自己讲话过于片面。"

"话讲到一半便失去了兴趣。"

"对方无故沉默。"

那么我们在人际交往中,是否也犯过上述这些毛病,是否也因此而无意伤害过别人呢?

现在,你不妨先用下面这些问题来检查一下自己。

开始与别人交谈时,会希望别人快点说完吗?

和不熟悉的人说话时,会觉得不知道说啥吗?

与对方交谈时,你还会想其他事情吗?

是否时常会有找不到话题的时候?

不喜欢别人为你介绍陌生人吗?

是否时常会有想不出好措辞的时候?

是否常常想打断对方的谈话?

即使和亲朋好友谈话,也会有没有话题的时候吗?

当你讲话时,是否感觉到其他人的坐立不安?

对方是否常常会打断你的谈话?

与人交谈时,争执的情形多吗?

你觉得用家常话会很难和别人交谈吗？

是否觉得自己不会幽默？

在会谈的时候，你是否会认为提早结束比较好呢？

是否常常请求对方赶快说明情况？

是否一讲起来就没完没了？

常想教导别人吗？

是否时刻在维护自己的形象？

以上这些问题，如果你有 7 个以上的回答是"是"，那么你就有必要注意说话的技巧了。掌握正确的说话方法，能使我们判断出自己的想法是否合乎情理，同时也能让别人对我们有一个正确的评价，时间一长，自然能给人们留下良好的印象。

沟通的基础方式和礼仪

1. 不要把别人当"机器人"

心理学教授坎贝尔说："我始终不明白，为什么要有机器人这个说法。只要词语中带有人字，无疑意味着人为地拔高物质的高度。我认为应该把机器人称为机器鬼，这样就不至于把机器和人搅和在一起。反正机器人这个说法令人觉得别扭。"

不要以为他人是机器人，可以由你想怎样操纵就怎样操纵。只有学会尊重他人，意识到对方也拥有充分的潜能，能够从他人的角度理解问题，才会有真正意义上的沟通。

永远没有完美的技巧，但经由技巧却可能有完美的结果。这也是果实优于枝条的道理。

沟通是彼此的事，一个巴掌拍不响。当你运用技巧时，别人也会运用技巧。当然，沟通是有目标的，你可以使自己的愿望处于优势，并且尽可能达到这个对自己有利的结果。但这多少有些一厢情愿，因为别人也运用技巧，彼此力量的消长有一个合适的中点，那是双方可以接受的结果。沟通能达到这个目的，双方都应该满意，虽然这个结果跟你渴望的结果有些差别，但也应该坦然接受。

2. 尽量多采用含蓄的暗示方法

既然他人不是机器人，他人理所当然应该受到你的尊重。而尊重他人的妙招应该算是暗示吧？暗示就是为了保全他人自尊时采取一种比较含蓄的不直接指责、指使他人的方法。也就是间接地让人做出你希望他人做的事。

暗示可以成为他人行动的动力，他们在接受暗示时，已经感到了受尊重的意味，就会主动帮你达到你渴望的结果。暗示可以让人心甘情愿地和你沟通。

3. 运用漂亮的语法

世上每一种语言都有其特殊的美，其中都有很漂亮的语法。沟通也是一种语言交流，漂亮语法的运用就很合适。

当然，漂亮语法绝不是指滥用形容词之类的肤浅玩意儿。它的的确确是一种语法，它将各种词语巧妙地运用，不仅仅限于形容词。

"然后……""这时……"等语法可以给人流畅感，他人就容易顺应你的思路，承启转合之间，沟通已经趋向圆融。使用"因为……""所以……"等语法，则给人很讲逻辑，很讲道理的感觉，他人就会心服，谁愿意跟一塌糊涂不讲理的家伙打交道呢？

语法是有玄机的，成功地运用玄机的语法都是漂亮的语法。在漂亮语法当中，先尊重对方的态度，然后，说出自己的要求，只要语法得当，就算前后矛盾，对方也不会觉得受到伤害，可以接受你的观点和建议，并愿意合作。

4. 移动他人的观点

在沟通时，接纳对方的观点，然后再削弱他人的观点，是一个尊重他人的好办法。生活中，人的观点多种多样，纷繁复杂地围绕在你周围。这些观点有容易理解的，也有摸不着头脑令人难以把握的。不同的观点是容易冲突的，人都不愿放弃自己的观点，所以，沟通时不要破坏对方的观点，只能悄无声息地移动他人的观点，让它靠拢自己的人生观。记住，移动，不是改变。

移动他人的人生观，可以采用游戏性质的做法，让别人感觉不到严肃的压力，因为人生观可是个严肃的大问题。而在游戏中，人生观稍有移动和变化，他人是不会觉察的。

5. 运用动作进行暗示

我们的人体是有语言的，我们的动作往往可以暴露我们的心情。同样地，他人的动作也会泄密。所以，沟通中的人对他人的动作是很敏感的，你正可以利用它。

如果与他人交谈时，你做侧头深思的动作，你的体语就告诉对方，这个问题你有疑问，这比直接打断他人的语言更有效，不至于立刻和对方抵触。他人一定会问："有什么不懂吗？"这样由他人自己中断语言流程，可以有效地保证他人自尊心不受伤害。

如果想中断谈话，急于离开去做别的，你可以不停地偷看手表。手表有时候可能就是心理时间的外壳。他人会问："有事吗？你可以先走。"你就可以很有礼貌地全身而退。

体语的运用，很讲究空间。在宽敞的房间里交谈，彼此可以做到公平。但要达到亲密关系的程度，还是狭窄房间为好。谈话时中间不隔着桌子更容易使双方关系融洽。距离上的靠近也会造成精神的靠近。

体语也可以保全自己的尊严。迟到时气喘喘地表现着急赶来的样子，容易得到他人原谅。

6. 乔装弱者

世上总有很多人喜欢表现自己的力量和能耐，在他们眼中，别人总不如自己。这种人很可能令你讨厌，但你可以利用他们。他们喜欢表现就给他们表现的机会嘛。

最简单的办法就是，在他们面前故意表现得笨手笨脚，他们会哼着鼻孔走过来说："真是差劲，让我来！"于是，他们就自己动手做起来。这个方法儿童们都会用，何况成人。

最聪明的办法是询问，表现得很虚心的样子去求教，他人怎么会不理睬，说不定一边做一边教你怎样做呢。

7. 注意谈话时的礼节

适当的礼节，不仅对于人与人之间的交往是十分重要的，而且在谈话中，它也起着不可忽视的作用。因此，一个有经验的谈话者总是保持着恰如其分的礼节的。

①谈话的表情要自然，语气和气亲切，表达得体。说话时可适当做些手势，但动作不要过大，更不要手舞足蹈，不要用手指指人。与人谈话时，不宜与对方离得太远，但也不要离得太近，不要拉拉扯扯，拍拍打打。谈话时不要唾沫四溅。

②参加别人谈话要先打招呼，别人在个别谈话时，不要凑前旁听。若有事想与某人说话，应待别人说完。有人与自己主动说话，应乐于与其交谈。第三者参与谈话，应以握手、点头或微笑表示欢迎。发现有人欲与自己谈话，可主动询问。谈话中遇有急事需要处理或要离开，应向谈话对方打招呼，表示歉意。

③谈话现场超过三人时，应不时地与在场的人都谈几句，不要只与一两个人说话而不理会在场的其他人，也不要与别人只谈两个人知道的事情而冷落第三者。如所谈问题不便让旁人知道，则应另找场合。

④在交际场合，自己讲话要给别人发表意见的机会，也应适时发表个人看法。要善于聆听对方谈话，不轻易打断别人的发言。一般不提与谈话内容无关的问题。如对方谈到一些不便谈论的问题，不对此轻易表态，可转移话题。在相互交谈时，

目光应注视对方，以示专心。对方发言时，不要左顾右盼，心不在焉，或者注视别处，显出不耐烦的样子，也不要老看手表，或做出伸懒腰，玩东西等漫不经心的动作。

⑤注意谈话内容。尽量不要涉及疾病、死亡等事例，不谈一些荒诞离奇、耸人听闻或者黄色淫秽的事情。一般不要询问妇女的年龄、婚姻状况。正所谓"见了男士不问钱，见了女士不问年"。不要直接询问对方履历、工资收入、家庭财产、首饰价格等私人生活方面的问题。与妇女谈话不要说她长得胖、身体壮、保养得好等语，对方不愿回答的问题不要追问，也不要究根问底。对方反感的问题应表示歉意，或立即转移话题。

⑥男子一般不要打扰或参与妇女圈内的议论，也不要与妇女无休止地攀谈而引起旁人的反感侧目。与妇女谈话更要谦让、谨慎，不与之开有伤大雅的玩笑。争论问题要有节制。

⑦谈话中要使用礼貌语言，如：你好，请，谢谢，对不起，再见……在社交场合中谈话，一般不过多纠缠，不高声辩论，更不能恶语伤人，出言不逊。即使争吵起来，也不要斥责，不讥讽辱骂，最后还要握手而别。

身份不同，沟通的方式也不同

有人说话粗俗下流，有人说话谦虚有理；有人说话内容丰富真实，也有人一派胡言，说话空洞而毫无内容。总之，人通过说话能反映出其拥有的是什么。

成大事者善沟通

高贵、气度非凡者说话谦恭有理，其心理包括了诚实、信赖、优越等，常用文雅的应酬用语。

然而，这类人应分为两种，一种人是口与心相称，一种是口是心非的人。后者很多是外表高尚而内心丑恶的人。

有些人是不愿被对方察觉自己极为掩饰着的欠缺，所以才使用文雅的口气说话。

相反，谈吐粗俗的人具有纯真、单纯、气概低下、博爱、小心、易变等特性。这种类型的人，无论对上司或部下，对同性或异性，仍不改其谈吐风度，他所喜欢的则永远喜欢到底，对讨厌者也讨厌到最后。

此外，在初次见面的情况下，这种人好恶的表现也相当明显。不是表现得很不耐烦，就是突然地亲热若多年挚友。其表现出的意志完全掩盖对自我的所有小心性。

不听对方说话，只顾自己滔滔不绝、口沫横飞的人，属于强硬类型，这种人只要在说话的时候，别人肯"嗯嗯"地静静听他说，就可以得到他绝对的好感。但因自尊太强，经常好抢先一步是其一大缺点。

也有不善言辞的人，这一类型以无法巧妙地表达自己想要说的话，或缺乏表现力的人较多。同时，阴性、思考深沉、小心、度量窄的人也不少，欠缺智慧以及精神上有缺陷的人也较多。其中有许多可以克服自我而站立起来，只要他有自信心。

第二章

沟通，从开口就赢得好感

沟通之中获得一个人的好感需要多久？其实，人们总是在最初接触的一刹那就会对对方产生大概的印象，而这个印象直接决定了其好感程度。所以，在最初接触的一刹那你所说的每一句话都是至关重要的。

自我介绍可以更精彩

自我介绍,在一般情况下就是把自己的情况介绍给陌生的交际对象。如姓名、身份、职业、特长等,意在使对方了解自己,尽可能为自己提供方便,并与对方建立联系。人们初次见面,都会产生一种了解对方并渴望得到对方尊重的心理,及时简明的自我介绍,可以满足对方的这种渴望,对方也会以礼相待,作自我介绍。

在日常生活和工作中,人与人之间需要进行必要的沟通,以寻求理解、帮助和支持。自我介绍是最常见的与他人认识沟通、增进了解、建立联系的方式。

在社交活动中,想要结识某人,而又无人引见,可以向对方作自我介绍。自我介绍的内容,可根据实际的需要、所处的场合而定,要有鲜明的针对性。在某些公共场所和一般性社交场合,自己并无与对方深入交往的愿望,作自我介绍只是向对方表明自己身份。这样的情况只需介绍自己的姓名,如"您好,我叫王海"或"我是王海"。有时,也可对自己姓名的写法作些解释,如"我叫陈华,耳东陈,中华的华"。如果因公务、工作需要与人交往,自我介绍应包括姓名、单位和职务,无职务可介绍从事的具体工作。如"我叫王海,是荣发公司的销售经理"。

第二章 沟通，从开口就赢得好感

在社交活动中，如果希望新结识的对象记住自己，作进一步沟通与交往，自我介绍时除姓名、单位、职务外，还可提及与对方某些熟人的关系或与对方相同的兴趣爱好。

进行自我介绍，要简洁清晰，充满自信，态度要自然、亲切、随和，语速要不快不慢，目光正视对方。在社交场合或工作联系时，自我介绍应选择适当的时间，当对方无兴趣、无要求、心情不好，或正在休息、用餐、忙于处理事务时，切忌去打扰，以免尴尬。若在讲座、报告、庆典、仪式等正规隆重的场合向出席人员介绍自己时，则应简短又细致地介绍自己。

"我叫柴××，是哈尔滨工业大学机械专业1968年的毕业生，1981年又在省电大学习工业管理，获本科文凭。

"从1970年起我就在××汽车制造厂油泵车间当技术员，1980年晋升为工程师。从1983年起直到现在，承包厂服务公司的汽车修理厂。这些年来，我一直研究国内外关于机械加工方面的先进技术，对汽车油泵的品种、规格、型号、质量、工艺流程、销售情况比较熟悉，有一定的管理经验。我今年45岁，正是年富力强的时期，很想干一番事业。我个人做事果断，敢于拍板，敢于负责。只要给我一定的时间，比如说10天吧，就能把全部情况弄清楚，拿出办厂的具体方案，提出上缴利润的指标。"

这是某汽车油泵厂的柴××同志在投标时所做的自我介绍，较为具体详尽，既全面介绍了自己的学历、经历、兴趣、专长、能力和性格，又表示了自己的愿望和信心，因而赢得了招标单位的初步信任，为后来的中标打响了第一炮。

称呼得体是最好的见面礼

称呼是指人们在正常交往应酬中，彼此所采用的称谓语。它是言语交际的"先锋官"，在日常生活中，称呼应当亲切、准确、合乎常规。正确恰当的称呼，不仅能体现对对方的尊敬和自身的文化素质，更能促使交际的成功。

俗话说，"良言一句三春暖"，称呼得体就像行个见面礼，使对方获得心理上的满足，使沟通顺畅，交往成功。反之，称呼不得体往往会引起对方的不快甚至愠怒，使双方陷入尴尬境地，造成交往梗阻乃至中断。由此可见，称呼得体与否在很大程度上决定着人们交往活动的成败和管理效果的优劣。因此，不论是从事任何职业的一般人，还是肩负一定职务的领导人或管理者，要想生活愉快、事业发展，都需要注意研究人际称呼的技巧，努力提高自己称呼别人的艺术技巧。

称呼在人际交往和管理活动中的重要作用早为人们所注意。社会心理学家们认为得体的称呼能使人心情愉快，增强自信，有助于形成亲密和谐的人际关系。而良好的人际关系又是使人精神振奋、心理健康和提高工作效率的重要条件。得体的称呼能缩短人和人之间的心理距离，使人心情舒畅。

那么，怎样称呼才算得体呢？其实称呼并没有什么统一的模式。不同的地区、不同的民族和不同的语言传统，称呼的习惯可能差异很大；不同职业、职务、性别、年龄的人，对称呼的需要和期望也不尽一样。这就造成了人际称呼的复杂性和多元化，增加了称呼得体的难度。但有一条是共同的，那就是要尊重他人和礼貌待人，这样，对方心里就会产生一种自豪感和满足感，反过来对方也会乐于与你接触，主动和你沟通，这就使交往有了良好的开端。但仅有此还不够，在具体称呼时还要注意做好以下几点。

1. 记住对方姓名

姓名不仅是将自己与他人的存在予以区别的标志，而且不少人的名字还凝聚着父母对子女的期望。由于自尊的需要，每个人都会重视和珍爱自己的名字，同时，也希望别人能记住和尊重它。因此，当自己的名字被别人叫到时，就认为自己受到尊重，心里感到愉悦，对称呼自己的人怀有亲切感。古今中外，一些领导人、政治家和企业家对人的这种心情很了解，与人寒暄时不只说句"您好"，而是在"您好"前面或后面冠以对方名字，这样做起到了很好的心理效应。我们对久别之后仍能一下子叫出自己的名字的人，总是感动万分、钦佩不已的原因，就是因为这个缘故。

2. 符合年龄身份

称呼必须符合对方的年龄、性别、身份和职业等具体情况。对年长者称呼要热情、谦恭、尊重；对同辈则要态度诚恳，表情自然，亲切友好，体现出你的坦诚；对年轻人要注意慈爱谦和，表达出你的喜爱和关心；对有较高职务或职称者，要称呼其职务或职称。总之，要讲究礼貌，既表达出你对对方的真诚和尊重，又不卑不亢。切勿使用"喂""哎"等来称呼人，同时，也应力戒点头哈腰，满嘴恭维话。

3. 有礼有节有序

在与多人打招呼时，如果群体中有年长者，也有年轻人或异性在场，就要注意称呼的顺序。一般来讲，应先长后幼，先上后下，先女后男，先生疏后熟识为宜。称呼最能表达说话人的道德修养、知识水平和文明程度，也体现着他的交往技巧。称呼兼顾长幼的差异，会使年长者觉得受到尊重，年轻人也心中坦然。如顺序颠倒，不但会使年长者不满，而且被称呼到的人也会感到窘迫。再者应注意尊重女性，在对一个同样年龄、身份的群体打招呼时，先称呼女性，会使对方感到你有较高的素养，从而乐于与你交往。

需要强调的是，以上各点并不是孤立的，而是彼此制约、密切相关的，它们从不同侧面共同决定着称呼的得体与否以及称呼得体的程度。在日常生活中我们只有依据称呼对象和交往场合等具体情况，从多方面分析称呼对象的称呼需要，选择得体的称呼语，才能收到最理想的称呼效果。

介绍他人需要准确再精确

介绍他人，即第三者为彼此不相识的双方引见的介绍方式。在人际交往中，我们总能碰到为他人介绍的机会，那么如何能使双方满意，达到预期的效果呢？这是一个看似简单的问题，其实却很难做到位。

介绍他人应注意以下几个问题：

1. 介绍时要注意介绍的顺序和礼节。

一般情况下，是将年纪轻、身份低的介绍给年纪大、身份高的，以示对后者的尊重。介绍多人的一般顺序是：

①不同性别的两个人，在一般情况下应将男士介绍给女士，如："李小姐，这是赵先生，刚从河北来。"如果男士尊于女士，则应把女士介绍给男士："赵老师，这位是从哈尔滨来的李小姐……"

②不同辈分、职务的两个人，应将年轻、职务低、知名度低的介绍给年长、职务高、知名度高的。如"汪老，这是××报社的小陈，陈××先生。"

③把一对夫妇介绍给他人，在一般情况下应先说丈夫，后说妻子。

④同龄人聚会应将未婚的介绍给已婚的，将自己熟悉的介绍给不太熟悉的。

⑤客人到家中拜访，应先把客人向家庭成员介绍，然后把家庭成员向客人做简单逐一的介绍。介绍时，应把被介绍人的关系、姓名讲清楚，同时要能简明地点出他们的爱好和特点更好，这样会给客人以愉快亲切的感觉，也显示出家庭的和睦与乐趣。

2. 介绍时体态语要自然、协调。介绍时一般应起立，面带微笑，注意礼节手掌朝上示意，切不可用食指指指点点。

3. 介绍语信息量要适中，不要过于冗长，能为双方攀谈引出话题即可。

4.介绍语要热情、文雅,切不可伤害被介绍者的自尊心。介绍是为了联络感情,融洽气氛,建立交流关系,因此,介绍的话语应热情洋溢,切忌冷冰冰的,更不可有损被介绍人的尊严。

约翰·梅森·布朗是一位作家兼演讲家,一次他应邀在某地演讲,被会议主持人做了这样的介绍:

"先生们,请注意了。今天晚上我给你们带来了不好的消息。我们本想邀请伊塞卡·F·马科森来给我们讲话,但他来不了,病了。下面听众发生嘘声。后来我们要求参议员布莱德里奇前来,可他太忙了。嘘声。最后,我们试图请堪萨斯城的罗伊·格里根博士来,也没有成功。嘘声。所以,结果我们请到了——约翰·梅森·布朗。肃静。"

这段介绍语的本意并不想贬低布朗先生,却一次又一次地刺伤了其自尊心。之所以出现这样的失误和恶果,原因有二:一是介绍者将组织这次活动的过程报了一遍流水账完全没有这个必要,客观上产生了这样的效应;二是主观上考虑不周,或者根本没有考虑这样一些问题:如何尊重演讲者?如何促使来之不易的演讲活动取得成功?因此,从某种意义上讲,介绍语是介绍者认识水平、组织才能和表达才能的外现。

一次,某高校邀请话剧《光绪政变记》中慈禧太后的扮演者郑毓芝来演讲。主持人是这样介绍她的:"同学们,今天,我们好不容易把'老佛爷慈禧太后'请来了。"掌声,笑声,听众的情绪热烈起来。"'老佛爷'郑毓芝同志在戏台上盛气凌人,皇帝、太监、大臣见了都诺诺连声,磕头下跪,在台下却和蔼可亲，热情诚恳。她方才和我谈起，还曾扮演过《秦王李世民》中的贵妃娘娘，话剧《孙中山》中的宋庆龄。她是怎样把这些截然不同的人物演得栩栩如生的呢？下面就请听她的演讲。"听众凝视主席台，热烈鼓掌。

这番介绍语既幽默风趣，突出特点，又条理清楚，主旨鲜明，热情洋溢地把郑毓芝本人和她演的角色作对比介绍，并水到渠成地点明其演讲的主题，可谓十分得体，收放自如。

寒暄，让对方如沐春风

寒暄又叫打招呼，是人与人建立语言交流的方法之一，是交谈的润滑剂，它能使朋友在某种场合心领意会，让不相识的人相互认识，使不熟悉的人相互熟悉，把单调的气氛活跃起来，为双方进一步攀谈架设友谊的桥梁。

1984年9月，中国与英国关于香港问题的第22轮会谈在钓鱼台国宾馆开始了。

中方代表周南和英方代表伊文思相遇并寒暄起来。

周南说："现在已经是秋天了，我记得大使先生是春天前来的，那么就经历了三个季节了：春天、夏天、秋天——秋天是收获的季节啊！"

这是发生在中英关系史上的一次重要谈判，时间是1984年秋季——达成协议的关键时刻。内容是我国对香港主权的收复问题。

成大事者善沟通

　　周南在这次轻松的寒暄中，运用暗示、双关的手法，巧妙利用交际的时令特征，即秋天的特点及其象征意义——成熟与收获，将我方诚恳的态度和希望以及坚定的决心，含蓄委婉地表达了出来。

　　这种寒暄意味深长，具有强烈的针对性和灵活的策略性，无穷之意尽在言外。

　　在我们日常生活中，寒暄的主要形式有以下几种。

　　路遇式寒暄。就是在路途上或一些公共场所里遇到熟人，顺便打个招呼。一种是对经常见面的熟人，握握手，说句"你好""上班去呀"。在路上骑车相遇，相互点点头，微笑一下，摆摆手，不用下车，擦肩而过。另一种是在路上遇到较长时间没有见面的熟人，这时不可以点头再过，要停下来，多说几句。如有急事要办，则要与对方说清楚再离开，这是人际交往的基本常识。

　　会晤前的寒暄。如约见了面，或客人来了后，在交谈正题之前的问候。一种是常见的也是最起码的问候方式，如"您好""请进""请坐"等。另一种是特殊情况的问候方式，如对病人、老人、师长、好友，或是遇到大病初愈、长途旅行、身遭不幸等情况，寒暄问候则要格外体贴入微，暖人心扉。

　　寒暄的内容主要有以下几类：

　　关怀式寒暄。这是常见的寒暄方式，真挚深切的问候，对于加深人际间的感情，有着重要的作用。

　　激励式寒暄。就是在寒暄的几句话中，给人以鼓舞和力量。几句寒暄，就能给人以很大的激励。

幽默式寒暄。寒暄中加点幽默诙谐的成分，对协调交际气氛是很有效果的，人际间良好的沟通与深切的友谊就是在这幽默的寒暄中间建立起来的。

夸赞式寒暄。无论谁清早起来，接连听到几个诸如"您起得好早啊""您身体越来越好啦"的赞美式寒暄，一定会感到这一天心情格外舒坦愉快。夸赞式寒暄也要讲点技巧，其中之一就是夸赞的内容最好要具体一些，这样才能产生较大的作用。

在寒暄中，应注意以下几点：

1.要注意对象。寒暄要因人而异，不要对谁都是一个调。

2.要注意环境。在不同的环境，要进行不同的宣暄。

3.要注意适度。寒暄要适可而止，过多的溢美之词则会给人以虚伪客套之感。

总之，恰当的寒暄，能给不快的人以安慰，给久别重逢的人以关怀，给邻里亲友以欢乐，并由此沟通感情，联络友谊，促使人际交往达到水乳交融的佳境。

使对方愿意听我们说话

有些人说话虽然在内容上不占优势，但他的说话方式却会给人一种非常迷人、令人舒服的感觉。毕竟说话者有其本性，每一次对话会因为说话技巧的不同而有各种不同的回响、反应。那么，使对方愿意听我们说话并把他步步引入对话的绝佳境地有什么技巧呢？

1. 风格明快

生活中大多数人不喜欢晦暗的事物，即使草木也需要阳光才能生长。同样，给人阴沉感的谈话，会让人有疑虑感、厌恶感及压迫感。反之，说话简洁明快，则容易让人接受。

2. 声音独特

有的人说话的声音给人一种享受，因为他（她）的嗓音实在是很动人。他们（她们）谈话时，非常注意说话的声音，而选择说话的声音，完全依靠他们（她们）的天赋、个性及所要表达的情感而变化。有条件的话，你可自我充当对象，把自己的话录下来再仔细地听，你可能会吃惊地发现，自己说话竟有那么多毛病。这样经常检查，发音的技巧就会不断提高。

3. 语气肯定

每个人都有自尊心，很容易因为某些微不足道的事就感到自尊心受损。如此一来，你要在谈话中稍不注意说话的方式方法，他（她）会立即反射性地表现出拒绝的态度。所以要对方听你说话，首先得先倾听对方要表达些什么。所谓"说话语气肯定"并不是指肯定对方说话的内容，而是指留心对方容易受伤害的感受。

4. 语调自然

自然的声音总是悦耳的，在交谈中我们应该注意，交谈不是演话剧,无论你是什么样的语调,都应自然流畅,故意做作的声音只能事与愿违。当你交谈的对象不是一个人,而是许多人时,应采用以下的技巧:当前一个人声音很大时,你开始说话时就可以压低声音,做到低、小、稳;当前一个人音量较小时,你的开始句就要略提高嗓门,清脆响亮,以引起大家的注意。

5. 习惯用法

人类生存在当今的语言环境中,对于语言拥有自己的运用标准,一旦不符合标准,就会产生不协调的感觉,其中包括语气与措辞。在人际关系中,确实有必要根据实际情况或对方是谁而分别使用适当的语言。如果不分亲疏远近,一律以和同事谈话时的措辞来谈,那么对方将不会老老实实地听我们说话。

"太好了""好棒哟""真可怕"这些都是一般女孩子说话时常会冒出来的感叹词。当然,这也是一种感情洋溢的表现。一句话若没有抑扬顿挫,则流于平淡,引不起对方的兴趣,若能添一些感叹词,则能增加彼此之间的谈话气氛,但要适可而止,过多的感叹词,亦会抹杀言词的重要性,使对方不能分辨你的意思。

6. 思路清晰

当之前的谈话争论不休,而且没有头绪时,你站出来讲话,就要力求语句简短,声音果断,有条理。

在大众场合发言时,你要想清楚自己讲什么,怎么讲,讲到什么程度。再者,最好不要夹在中间,要么赶在前面,要么最后再讲,这样才能使人印象深刻。

八个方面赢得开场好印象

说话也能获得别人的好感,我们建议可以从下面八个方面入手:

1. 多提善意的建议

当一个人关心你时,只要这份关心不会伤害到自己,并且对方还提了一些善意的建议,你当然会欣然接受,对这个人产生好感。那么,反过来你对别人若也如此,别人也会同样对你产生好感。

满足他人自尊心最佳的方法就是善意的建议。对方是女性时,仅说"你的发型很美",只不过是句单纯的赞美词;若是说"稍微剪短,看起来会更可爱",对方定能感受到你对她的关心。若是能不断地表示出此种关心,对方对你必然更加亲切信任。

2. 偶尔暴露自己一两个小缺点

有时坦率地暴露缺点,反而会迅速获得对方的信任,给对方留下一个正直、诚实深刻的印象。

只是暴露自己的缺点并不是毫不保留地将所有的缺点都暴露出来,如此做,反而使人认为你是个毫无可取之人,因而丧失了对你的信任。

暴露的点只要一两个就可以了，可使他人把这一两个缺点和其他部分联想在一起，因而产生其他部分毫无缺点的感觉。但这绝不是狡诈，只是交际的策略和需要。因为没有人会拿自己的缺点和别人交往。"这个人有点小缺点，但是其他方面挑不出毛病来，是个相当不错的人"类似上述的想法就能深深植入他人的心中。

3. 记住对方所说的话

一位心理学家应邀去演讲，不料主办方却问他："请问先生的专长是什么？"他颇为不高兴地回答："你请我来演讲，还问我的专长是什么？"

招待他人或是主动邀约他人见面，事先多少都应该先收集对方的资料，这是一种礼貌。换句话说，表现自己相当关心对方，必然能赢得对方的好感。

记住对方说过的话，事后再提出来做话题，是表示关心的做法之一，也是说话的策略之一。尤其是兴趣、嗜好、梦想等事，对对方来说，是最重要、最有趣的事情，一旦提出来作为话题，对方一定会觉得很愉快。在面试时，不妨引用主考官说过的话，定能使主考官对你另眼相看，进而留下深刻的印象。

4. 注意对方微小的变化

生活中，一般做丈夫的都不擅长对妻子表现自己的关心。比方说，妻子上美容院改变发型时，明明觉得她"看起来年轻多了"，却不作任何表示，因而使妻子心里不满，觉得丈夫不关心自己。

不论是谁,都渴求拥有他人的关心。而对于关心自己的人,一般都具有好感。因而,若想获得对方的好感,首先必须积极地表示出自己的关心。只要一发现对方的服装或使用的物品有些微小的改变,不要吝惜你的言辞,立即告诉对方。例如:同事打了条新领带时,"新领带在哪儿买的?"像这样表示自己的关心,绝没有人会因此觉得不高兴。

另外,指出对方与往日的变化时,愈是细微和不轻易发现的变化,愈使对方高兴。不仅使对方感受到你的细心,也感受到你的关怀,转瞬间,你们之间的关系就会远比以前更亲密可信。

5. 呼叫对方的名字

欧美人在说话时,常说:"来杯咖啡好吗?莱克先生""关于这一点,你的想法如何?莱克先生",频频将对方的名字挂在嘴边。这种作风往往使对方涌起股亲密感,宛如彼此早已相交多年。其中一个原因是他感受到对方已经认可自己了。

在我们的社会里,晚辈直接呼叫长辈的名字,是种不礼貌的行为。但是,平辈之间借着频频呼叫对方的名字,来增进彼此的亲密感,应是个非常有益于彼此交往的方法。

6. 注意细节投其所好

有位朋友有个奇怪的习惯,总是把他人名片的背面写得密密麻麻。与其说他是为了整理人际资料或是不忘记对方,倒不如说是为下一次见面做好准备。也就是说,将对方感兴趣的事物记录下来，再度见面时，自己就可提供对方关心的情报作为礼物。即使只是见过一次面的人，若能记住对方的兴趣，比方说是钓鱼吧，在第二次、第三次见面时，不断地提供这方面的知识或是趣事，借此显示自己对于对方的兴趣很关心，结果，必然使对方产生很大的好感。

或许有些人会认为此种做法太过于功利主义。事实绝非如此。这种做法的确出于对对方的关心，更何况对对方也是真正有益的。借着经常保持此种姿态，结果必然能将一般通用的话题化为己身之物。换句话说，以长远的目标来衡量，此种做法能成为表现自我的有力武器，以此迅速获得对方对自己的好感和信任。

7. 温暖的微笑

我们在与人交往中，不管是同意人家的意见还是不同意，都不要摆出一副冷冰冰的面孔，谁也不愿意和态度冰冷的人谈话。即使是出于某种无奈而非谈不可，在心底也已经产生了反感。试想，这样的谈话能有好结果吗？因此。我们在交往中要学会笑，学会用笑给人以温暖。不论对方是谁，有怎样的见解，如何让人讨厌，那你可以不和他交谈或躲开，摆一副冷面孔总是无益的。有这样一个故事：

飞机起飞前，一位乘客请求空姐给他倒一杯水吃药。空姐很有礼貌地说："先生，为了您的安全，请稍等片刻，等飞机进入平稳飞行状态后，我会立刻把水给您送过来，好吗？"15分钟后，飞机早已进入了平稳飞行状态。突然，乘客服务铃急促地响了起来，空姐猛然意识到：糟了，由于太忙，忘记给那位乘客倒水了。空姐来到客舱，看见按响服务铃的果然是刚才那位乘客。她小心翼翼地把水送到那位乘客跟前，面带微笑地说："先生，实在对不起，由于我的疏忽，延误了您吃药的时间，我感到非常抱歉。"这位乘客抬起左手，指着手表说道："怎么回事，有你这样服务的吗？"无论她怎么解释，这位挑剔的乘客都不肯原谅她的疏忽。

接下来的飞行途中，为了补偿自己的过失，每次去客舱给乘客服务时，空姐都会特意走到那位乘客面前，面带微笑地询问他是否需要水，或者别的什么帮助。然而，那位乘客余怒未消，摆出一副不合作的样子。

临到目的地前，那位乘客要求空姐把留言本给他送过去。很显然，他要投诉这名空姐。等到飞机安全降落，所有的乘客陆续离开后，空姐紧张极了，本以为这下完了，没想到，等她打开留言本，却惊奇地发现，那位乘客在本子上写下的并不是投诉，相反却是一封热情洋溢的表扬信："在整个过程中，您表现出的真诚的歉意，特别是你的十二次微笑，深深打动了我，使我最终决定将投诉信写成表扬信，你的服务质量很高，下次如果有机会，我还将乘坐你们的这趟航班。"

空姐看完信，激动得热泪盈满了眼眶。

8. 谦虚是一种美德

谦虚之所以受到尊崇，就因为它是做人的美德及事业成功的法宝，但是，在现实生活中，谦虚也并非想做就能做到，有的人得到领导的表扬、同事的夸奖,内心里着实想谦虚一番,却寻找不到适当的表达方法。要么手足无措,面红耳赤,支支吾吾,要么说一些"归功于集体、归功于人民"的套话听起来让人觉得虚假。

那么,在社交场合,不同的时间,不同的环境,不同的氛围,如何用不同的方式表达自己的谦虚,才能给人留下一个良好的印象呢?

转移对象。如果表扬或赞美使你感到在众人面前窘迫的话,你不妨想办法转移人们的注意力,使自己巧妙地"脱身",把表扬或赞美的对象"嫁接"到别人的身上,但要有所依据,不然也会显得空和假。

妙设喻体。直言谦虚,固然可取,但弄不好会给人一种虚假的感觉。特别是两个人之间,如果仅仅说"你比我强多了"这类话,容易有嘲讽之嫌。遇到这种情形,你不妨用一个比喻方式,巧妙地表达自己的谦虚。

自轻成绩。任何称赞和夸奖,都不可能毫无缘由,或者因为某件事,或者因为某方面的成绩。这时你不妨像绘画一样,轻描淡写地勾勒一笔,却在淡泊之中见神奇。

相对肯定。面对别人的称赞,如果把自己说得一无是处,不但起不到谦虚的作用,反倒给人一种傲慢的感觉。正如俗话所说:"过分的谦虚等于骄傲。"现实生活中,类似这样的情况屡见不鲜。所以,谦虚要掌握一定的分寸。

征求批评。面对人们的赞美,诚恳地征求大家的批评,这是表现你谦虚精神的一种最有效的方法。但要注意适当适度,不然虚心也就变成了虚假。

我们在社交生活中，可以根据不同的场合、不同的环境、不同的交际对象，去不断创造自我，虚心学习。

只要虚心而诚挚，努力追求谦虚的品格，在谈话时保持平和坦诚的态度，尊重对方，就一定会成为一个受人敬重的人，说话的分量也会相应增大。

时刻都谨记说一声谢谢

在任何一部汉语词典里，很少有词语一讲出就能立刻赢得一个人的好感，起到化敌为友、抚平自私心理、提高自尊心的作用。然而，"谢谢"这个词却有这个魔力。但"谢谢"却常常被人轻视，或因太简单而忽略，以致我们中的许多人因此而与好人缘失之交臂。我们常常听到这种抱怨，"我并不介意做这些事，只要他每次能说声'谢谢'"，甚至说，"我为她做了那么多，她连声'谢谢'都不会说"。

说声"谢谢"本是世界上最容易，也是最为可靠的办法。

那么，在交际中，怎样说谢谢呢？表达谢意可以用很多方式说出来。然而，无论被怎样打扮，譬如用鲜花、午餐回报，或者其他方式，这个词，或它的一种变化，一定要说出来或写下来。以下是一些传播这个信息的方法。

1.说出谢谢。告诉他（她），他（她）为你做的对你来说是很重要的，和在哪一方面帮助了你："我真的非常感谢你对我在学习上的帮助。"

2. 给予赞扬。让他（她）知道你认为他（她）为你做的事是很特别并值得珍藏的："谢谢你的咖啡我想我会记你一辈子。"

3. 予以回报。告诉他（她）你感谢他（她）为你做的，并准备回报这个好心人："我很感激你能在开顾问会议时回我的电话，以后只要有用得上我的地方，请随时找我。"

4. 写个条子表示谢意。说声谢谢是很有作用的，但写下来会更胜一筹。不妨亲笔写一个条子表达你的谢意。

5. 电话致谢。"我打这个电话只是为了感谢你……"

6. 送份礼物。送份礼物并附上一张便条。只要你送的礼物能够非常适当地表达出你的感谢，送什么并不重要。一个老板请他的秘书去看了场一流水准的高尔夫球赛。为了投桃报李，她买了一个独特的礼物——一个高尔夫球棒的缩微模型，然后写了个感谢的便条放在礼品盒里一并送给了他，老板收到后深感欣慰。

7. 传达谢意。告诉别人你有多感谢他为你所做的一切，最后这话一定会传到给予你帮助者的耳朵里去："王敏这人真好，她帮我安排了那次会议。要是没有她的帮忙，我真不知该怎么办好。"当你的谢意通过别人的嘴传到她的耳朵里时，定会增色不少。

8. 提供帮助。与他们在一起，主动提出为他们的工作助一臂之力。比如帮助校对个长篇报道："我来帮你干这事儿。甭客气，你帮我的次数可太多了。"

9. 请客吃饭。邀请你要感谢的人去吃午餐或晚餐，一定要表明你这是为了感谢她的帮忙。如果你邀请的是已婚者，应当把她（他）的配偶一并邀请去。

10. 报答捐款。如果一个环境学家曾用心地报道过你的一篇论文，不妨为他心爱的环保事业捐一笔款，这也许是对他最好的感谢。但也别忘了说"谢谢"。你可以打个电话或写个便条去感谢他，并告诉他你所做的。他一定会为你所做和自己曾经所做的事感到高兴。

第二章

沟通，把握好时机

不论一个人说话的内容如何精彩，但如果时机掌握不好，就无法达到说话的目的。因为听者的内心，随时在发生变化。要对方愿意听你的话，或者接受你的观点，都应当选择适当的时机。

说话的火候一定要把握好

一个人说话的内容不论如何精彩,但如果时机掌握不好,就无法达到说话的目的。因为听者的内心,往往随着时间变化而变化。要对方愿意听你的话,或者接受你的观点,都应当选择适当的时机。

这有如一个参赛的棒球运动员,虽有良好的技艺、强健的体魄,但是他没有把握住击球的"决定性的瞬间",或早或迟,棒就落空了。

所以,时机对你非常宝贵。但何时才是这"决定性的瞬间",怎样才能判定并咬住,并没有一定的规则,主要是看对话时的具体情况,凭你的经验和感觉而定。

电冰箱老化了,制冷效果很差。丈夫几次提出要买一个新的,都因妻子不同意而没有买成。

中午,妻子对丈夫说:"今天真热,你把冰箱里的冰棒给我拿一支来。"

丈夫打开冰箱说:"冰棒都化了。"

"这个破冰箱!"妻子骂道。

"还是再买一个新的吧。"

"买一个吧。"妻子欣然同意了。

到了商店,看中了一个冰箱,一问价格,要三千多元。

"太贵了,还是不买了吧。"妻子说。

"端午节快到了,天气这么热,单位给的肉和鱼往哪放?"

丈夫说。

售货员这时插入一句:"这个冰箱虽然贵点,但耗电小,容积大,从长远看还是合算的。"

"那好,就买这个吧。"妻子终于同意了。

这位丈夫捕捉住了说话的时机,终于达到了目的。

在反映情况和说服人的时候,要特别注意把时机选在对方心情比较平和的时候。因为一些人由于劳累、遇到不顺心或正在把注意力集中在其他事情上时,是没有心情来听你说话的。

你一定听过夫妇之间这样的抱怨:

妻子说:"他回到家来,自个儿喝茶,坐下来埋头看报。要是我问他个什么,他就含糊地答一句。要是我想和他聊聊,他的心早就离得远远的,也许还挂着办公室的事。我整天陪着孩子,真渴望能有点精神调剂,可是他却不理睬我。"

而丈夫也一肚子怨气:"我还没来得及关上门,她就忙不迭地向我唠叨起来:什么菜的价钱又贵了,孩子把杯子摔了,隔壁老太太又说了她几句。烦死了……"

为尊重对方,考虑对方什么时候谈话才有较大兴趣,这是必须的。

语言一定要注意准确性

在辩论或说服中,我们反击的目的是调节和改善自己所处的人际关系环境。是为解决矛盾而不是扩大矛盾,这是反击有效性的重要标志。良好的口才是战胜受气的一大法宝,但良枪在手,用不好也会走火,伤人害己。因此,利用语言进行反击,必须把握反击的有效性。

掌握语言反击的度是反击有效性的决定性因素。所谓度,就是界限性。根据不受气的第一大准则,利用语言反击时,应按照自己对环境的敏锐判断,明确自己的优势和劣势,准确把握该说什么、怎样说、说到什么程度。也就是说,应根据对语言出口后可能产生的后果的准确预测,确定自己的语言界限。否则,语言不准确或不到位,则会使自己陷入被动尴尬的境地。

掌握语言反击的度,首先应具有明确的针对性,不要扩大打击面。在反击时,要抓住主要矛盾,丁就是丁,卯就是卯,而不应四面树敌,把本来可以争取的中间力量甚至朋友统统都推到与自己对立的阵营中去,使自己陷于孤立、被动地位。笔者曾在公共汽车上遇到过这样一件事情。

在北京,乘坐公共汽车时,行李超过规定标准应额外买票已是众所周知,但外地人却未必了解这一规定。一位肩扛大包的外地人上车后,因购买行李票同乘务员争执起来。他似乎也挺有道理,责问乘务员道:"我坐火车走了几千里都没因行李多交费,单就你这公共汽车就该多交费?啥子道理!"一句话把乘务员已到了嘴边的话给噎了回去,不知如何反驳。过了半天,她似乎自言自语道:"就这帮没素质的外地人把北京给搞乱了。"谁知,这趟从北京站开出的公共汽车上,乘客中三分之二是外地人。她这一句话如一石激起千层浪,乘客们纷纷质问乘务员:"我们这些外地人难道都没买票?难道都不讲道理?这位老乡初来北京,是他不了解北京的规矩还是他故意蛮横无理?"这位乘务员依照规章制度认真履行工作职责本没有什么过错,开始时她完全受大家支持,但她因反击时语言的度没有把握好,才使自己一步跨入了困境当中。这是我们在进行语言反击时应吸取的教训。所以,语言反击应三思而后行,话语出口之前先掂量。否则,话语出口如覆水难收,自己会更加受气。

其次,应控制打击的力度,不要一棍子把人打死,一句话把人噎死。在大多数情况下,反击时应为对方留一点余地,掌握打击的分寸。因为大多数人都爱面子,给对方留有余地,实质上是为缓和彼此间的冲突留下了回旋的空间,也为自己留了一步台阶。否则,你把他逼进了死胡同,他别无选择只能与你对垒。结果,双方剑拔弩张,到头来两败俱伤,还是没有改变你受气的境地。这并不是我们反击的目的。然而,在生活中许多人并不能深刻理解这一道理,似乎反击得越狠越好,实际并非如此。所以说,语言反击是一门斗争艺术。

阿伟暗恋上了佳佳,但佳佳心有他属,并不为他所动。终于到了佳佳的生日,阿伟决定在生日 party 上"火"一把。

在摇曳的生日烛光里,阿伟动情地唱起了"爱,爱,爱不完……"佳佳感觉阿伟在大庭广众之中令自己很难堪,但她只淡淡笑了笑,以舒缓的语调说:"看不出阿伟平时不声不响,原来歌喉如此优美。我们该为将来那位有幸拥有他深情歌声的小姐祝福。"一句话,似是赞美,又似表白,于无声处给了阿伟当头一棒,但不知情者不会有任何觉察。既给阿伟留足了面子,又使自己轻松出了气。

以上这两个方面，可概括为一句话：只有把握语言反击的广度和深度，才能保证语言反击的力度，有效地达到反击的目的，使自己避免受气。

能言善辩也是一种艺术

当你想要驳倒对方时，除了必须理由充分，还要靠说话的技巧。你要悉心静听对方说话，摘出他话中的要点与漏洞，如果对方不曾说完，无论如何不要插嘴，面部表情也不要表露出什么地方不对，什么地方赞同，等他说完，有时还需问他一句，还有其他的意思吗？言多必失，让他畅所欲言，正是找寻反驳点的好机会。

你开始反驳时，态度必须从容，说话必须稳当，先把他的话总括扼要地提出，问他是否是这些意思，再从他对的方面，表示适当的赞同，使他高兴。说到后来，用"但是"两字一转，逐层反驳，把轻的放在前面，重的留在后面，越说越紧，越说越硬，致使他无法置辩。如果你要教训他几句，更要留在最后，看见他的面部表情已有感悟的表示，才好开始说教训的话。说教训的话，态度必须诚挚才显出你的善意，千万不要有斥责或讥笑的意思，免得他恼羞成怒，引起新的纷争，因为反驳者虽然依据理由与技巧欲使他折服，但也必须动以感情使他心悦诚服。理由越是充分，反击越是强烈，语气就越要婉转。中间有时还要替他设身处地，代为表达苦衷与用意，然后随即加以反击，使他知道错误。有时还不妨态度激昂，接着又须和悦，春风与雷霆，相互间用，充分表示你的立场的公正，表示你的凛然难犯，表示你的富于同情。就全部反驳过程而论，都是欲抑先扬，但不要扬得过分，否则反使你的抑失去了力量，也不要抑得过分，这会使你的扬引不起他感悟，废话是绝对要避免的，但是巧譬善喻绝不是废话，譬得越巧喻得越善，越能激起他的同悟。

反驳完毕，你虽取得胜利，态度仍须谦让，使他不觉得是失败，更须丢开正文，随便谈谈，总要有说有笑，把反驳时严肃的空气尽力冲淡。争辩是一回事，交谊是一回事，争辩只限于一个事项，不要牵涉到交谊，如果彼此都是代表人身份，随时要把代表人的本身分开，不要产生有直接人身攻击的嫌疑。万一对方盛怒之下，对你进行人身攻击，你必须用和气的态度向他说明你是代表人，不是当事人。经过多方的解释必可减少误会，即使对方出口辱骂，你也要大度包涵，付之一笑。

至于没有利害关系的辩论，有的是维护各人的主张，有的则是比赛彼此的口才。为维护主张而反驳，多少要承认对方若干的论点，反驳的语气，有时可用补正的方式，不必完全以攻击的态度，倘若是在会议上，只要争取多数人的同情，促使各方面的响应，让各方面群起而攻击，造成他四面楚歌的局面，就可以不必单枪匹马和他相辩。这种四面合围，不但力量雄厚，声势壮大，而且你也可以不必费极大的气力。

至于比赛辩论技术，原只是游戏性质，不要过分认真，倘使对方假戏真做，你便乘机退出，表示讲和。有人不能明白这

-45-

一点，往往因薄物细故，极力争辩，弄得双方面红耳赤，不欢而散，其实这又何苦呢？

一言既出，驷马难追

说话之难在于无法修改，一言既出，驷马难追。它不像写文章一样，可增删改动，可仔细思考。话一说出口，几乎就没有收回的余地。

何况，社交对象形形色色，交谈之前宜先打个腹稿，理出主题，免得临时口不择言或摸不着重点。说话时两眼当然要注视对方，表示很有兴趣的样子，并随时注意对方的反应，以调整自己的话题。如发现对方有不想听下去的表情，或不时瞄一眼手表，你就该长话短说，尽快结束谈话。如果他表情疑虑，你就该多加解释。如果他很感兴趣，你不妨加以发挥。如果他想插嘴，你就让他发表意见。总而言之，与人交谈必须懂得察言观色，以免误会。

表明态度时，也要有个分寸，譬如认为是对的，就回他一声"很好"；觉得不对，就表示此一问题很难说，各有各的立场；可以办到的，不妨回答"我去试试，成功与否不敢保证"；办不到的，就直说此事太困难，恐无多大希望……总之，在交谈中要留余地，以免事后进退两难。

事实上，交谈是应该受到一点限制的，因为交谈本来即受三方面局限：一是人，二是时，三是地。非其人不必说；非其时，虽得其人，也不必说；得其人，得其时，而非其地，仍是不必说。非其人，说三分真话已嫌太多；得其人，而非其时，恰好说三分话，正给他一个暗示，看看他反应如何；得其人，得其时，而非其地，正可引起他的注意，如有必要，不妨择地另作长谈，这才叫作通达世故。

举个例说，有时碰到喜欢刺探别人隐私的人，他会迂回进攻，在交谈当中插入一些主要的问句，希望你暴露真情，你如果不愿意告诉他，应该特别留神，顾左右而言他，或者干脆说"无可奉告"，以阻止他不断地烦扰。

此外，宿醉未醒，或是盛怒之后，都不宜交谈。因为此时心绪不宁，最易"祸从口出"。

判断好说话的最佳时机

聪明的小孩子往往懂得在大人高兴的时候提出自己的要求，而且，这时他们的要求多半会被满足。家长们在心情比较好的时候，为了不破坏气氛，往往会比平时更加宽容大度。

在上下级相处的过程中，也存在着同样的情况。自然，下属并不是小孩子，不存在着对领导的人身依附关系。但是，他们之间的权力从属关系却是毫无疑问的，下属要取得的每一分利益都需要有领导的首肯。在中国这种文化传统下，事实上，每个领导都有一种"家长"倾向，都有恩威并举的心理，那么我们就不妨因势利导，巧妙地加以利用，在领导春风得意之时，或提要求，或进谏语，必能收到意想不到的良好效果。

史载，有一次唐太宗意兴舒坦，心情十分高兴，便笑着问大臣魏征："你看近来政治怎么样？"魏征觉得这是一个进谏的好机会，马上回答说："贞观初年，您主动地引导人们进谏；过了三年，遇到有人进谏，还能愉快地接受；这一二年来，勉勉强强接受一些意见，可是心里总觉得不舒服。"

太宗听后有些吃惊，问道："你这样讲有什么根据吗？"魏征于是便举出三件事来加以佐证，这三件事反映的是唐太宗在魏征所说的三个时期内对人的三种不同的态度。唐太宗明白了，于是，更加虚心地听取臣下的意见了。由此可见，给领导提建议，有一个很重要的学问，那就是一定要注意时机和场合，以便使领导更能用心领会你的意见，并不会导致对你的反感。例如：在娱乐活动中，一般领导的心情比较好，这时候提出建议会使领导更容易接受。特别是如果你能把所提的建议同当时的情景联系起来，通过暗示、类比等心理活动的作用，则会对领导有更大的启发。还有些比较成功的下属善于接住领导的话茬儿，上承下转，借题发挥，巧妙地加以应用，从而很好地触动了领导，使许多悬而未决的问题得到了解决。

例如有一个单位刚购置了一批计算机及相关设备，并准备修建一个机房。但在机房安置空调机一事上，领导却不肯批准，认为单位的同志们都在没有空调的情况下办公，不宜单独对机房破例。虽然有关同志据理力争，说明安装空调是出于机器保养而非个人享受的需要，但仍不能打破领导的老脑筋，说服领导。

后来，单位的领导与同志们一起出去旅游、参观。在一个文物展览会上，领导发现一些文物有了毁坏和破损，就询问解说员。解说员解释说，这是由于文物保护部门缺乏足够的经费，不能够使文物保存在一种恒温状况下所致，如果有一定的制冷设备，如空调，这些文物可能会保存的更加完善。领导听后，不禁有些感慨。此时，站在一旁的机房负责人乘机对领导低语："其实，机房里装空调也是这个道理呀！"

领导看他一眼，沉思片刻，然后说："回去再打个报告上来。"很快，这位领导就批准了机房的要求，为他们装上了空调设备。

无理的行为用妙语反击

在人际交往中，人们总难免碰到一些无理的语言。你对某人的不良或错误行为进行直接责备，他却反过来与你顶撞。如在一外国球场里，一个大学生的视线完全被前面一位年轻妇女的帽子挡住了，于是他对她说："请您摘下帽子。"可妇女连头也不回。"请您摘下帽子。"大学生气冲冲地重复一遍。"为了这个位子，我破费了 15 个卢布，却什么也看不见！"

"为了这顶帽子，我破费了 115 个卢布。我要让所有的人都看它。"年轻的妇女说完，一动也不动地坐着。她违反公共道德，却振振有词地反驳大学生的正常干预。

年轻的朋友们，碰到这种无理行为，你怎么办？许多人常

-49-

常大发一通怒火，大骂一顿无赖，可到头来，对方还是振振有词，条条有道，"理由"充足得很。你自己倒气得手脚发颤，只会说："岂有此理，岂有此理。"

那么，应该怎样说话，才能反击这种无理的行为，使得对方觉得理屈词穷、无言以对呢？下面有四点值得注意。

1. 情绪平和

遇到无理的行为，首先要做到的就是不要激动，要控制情绪。这个时候的心境平和，对反击对方有重要作用：一是表现自己的涵养与气量，以"骤然临之而不惊，无故加之而不怒"的大丈夫气概在气质上镇住对方，如一下子就犯颜动怒，变脸作色，这不是勇敢的行为。古人曰："匹夫见辱，拔剑而起，挺身而斗，此不足为勇也。"对方对此不但不会惧怕，反而会对你的失态感到得意。二是能够冷静地考虑对策，只有平静情绪，才能从容选出最佳对策，否则人都弄糊涂了，就可能做出莽撞之举来，更不要说什么最佳对策了。

2. 反击有力

对无理行为进行语言反击，不能说了半天，不得要领，或词软话绵。而要做到打击点要准，一下子击中要害；反击力量要猛，一下子就使对方哑口无言。

有一个常愚弄他人而自得的人，名叫汤姆。这天早晨，他正在门口吃着面包，忽然看见杰克逊大爷骑着毛驴哼哼呀呀地走了过来。于是，他就喊道："喂，吃块面包吧。"大爷连忙从驴背上跳下来,说:"谢谢您的好意。我已经吃过早饭了。"汤姆一本正经地说:"我没问你呀,我问的是毛驴。"说完得意地一笑。

大爷以礼相待,却反遭一顿侮辱。是可忍,孰不可忍!他非常气愤,可是又难以责骂这个无赖。无赖会说:"我和毛驴说话,谁叫你插嘴来着?"于是大爷抓住汤姆语言的破绽,进行狠狠地反击。他猛然地转过身子,照准毛驴脸上"啪啪"就是两巴掌,骂道:"出门时我问你城里有没有朋友,你斩钉截铁地说没有。没有朋友为什么人家会请你吃面包呢?""叭叭",对准驴屁股又是两鞭子,说:"看你以后还敢不敢胡说。"说完,翻身上驴,扬长而去。大爷的反击力相当强。既然你以你和驴说话的假设来侮辱我,我就姑且承认你的假设,借教训毛驴,来嘲弄你自己建立和毛驴的"朋友"关系,给这个人一顿教训。

3. 含蓄地讽刺

对无理行为进行反击,可直言相告,但有时不宜锋芒毕露,露则太刚,刚则易折。有时,旁敲侧击,绵里藏针,反而更见力量,它使对方无辫子可抓,只得自己种的苦果往肚里吞,在心中暗暗叫苦,就像苏格兰诗人彭斯那样。

有一天,彭斯在泰晤士河畔见到一个富翁被人从河里救起。富翁给了那个冒着生命危险救他的人一块钱作为报酬。围观的路人都为这种无耻行径所激怒,要把富翁再投到河里去。彭斯上前阻止道:"放了他吧,他自己很了解他生命的价值。"

4. 巧妙借用

对无理的行为进行语言反击，是正义的语言与无理的语言的对抗。所以，反击的语言一定要与对方的语言表现出某种关联，正是在这种关联中，才会充分表现出自己的机智与力量。要做到双方语言的巧妙关联有三种方法。

第一，顺其言，反其意。这种方法的效果在于使人感到那个无理的人是引火烧身，搬起石头砸自己的脚。例如德国大诗人海涅是个犹太人，常遭到一些无耻之徒的攻击。在一个晚会上，一个人对他说："我发现了一个小岛，这个小岛上竟然没有犹太人和驴子！"海涅白了他一眼，不动声色地说："看来，只有你我一起去那个岛上，才会弥补这个缺陷。"

"驴子"在南方语言中，常常是"傻瓜、笨蛋"的代词。面对是犹太人的海涅，将"犹太人与驴"并称，无疑是侮辱人，可海涅没有对他大骂，甚至对这种说法也没有表示异议，相反，他把这种并称，换上"你我"，这样就一下子把"你"与"驴"相等了。

第二，结构相仿，意义相对。这种方法是在双方语言的相仿与相对中，表现出极其鲜明的对抗性。如丹麦著名童话作家安徒生一生简朴，常常戴顶破旧的帽子在街上行走。有个不怀好意的人嘲笑道："脑袋上面的那个玩意是个什么东西，能算是顶帽子吗？"安徒生回敬道："你帽子下面那玩意是个什么东西，能算是个脑袋吗？"安徒生的话语和对方的话语结构、语词都相仿，只是几个关键词的位置颠倒了一下，显得对立色彩格外鲜明。

第三，佯装进入，大智若愚。即假装没识破对方的圈套，照直钻进去。这种方法的效果是显出自己完全不在乎对方的那种小伎俩。

例如：一个嫉妒的人写了一封讽刺信给美国著名作家海明威，信上说："我知道你现在是一字千金，现在附上一美元，请你寄个样品来看看。"海明威收下钱，回答一个字——"谢！"海明威完全识破对方的刁难、侮辱人的行为，但他根本不将此放在眼里，他就照他人的刁难要求办，结果也真搞得那人反而难下台。

说话的忌讳一定要注意

中国幅员辽阔，各地的方言不同，往往同样一句话，意义却完全相反，你以为侮辱，他以为尊敬，你以为尊敬，他以为侮辱，所以古人才有"入境随俗"的主张。

从前有个浙江人，到北方去做官，他的妻子也是南方人。有一天，太太让女仆洗衣服，她说："洗好后，出去晾晾。""晾晾"的字音，南方人读做"浪浪"，"浪浪"在北方是不好听的词。女仆听了，当然觉得奇怪。太太询问原因后出口笑骂道："堂客！"堂客在江苏、浙江一带，是骂人的名词，女仆听了，急着说："太太，不敢当！"太太又问其所以，才知道原来在湖北等省，"堂客"是尊敬女人的意思。

这是一个笑话,却可证明方言意义的不同。比方你称呼人家的小男孩,叫他小弟弟,总不算错吧?但是在太仓人听来,认为你是骂他;比方你对老年男子,叫他老先生,总算不错吧?但是在江苏嘉定人听来,当你是侮辱他。你在安徽,称朋友的母亲,叫老太婆是尊敬她;但是你在江浙地方,称朋友的母亲为老太婆,那简直是骂她了。各地的风俗不同,说话上的忌讳各异,你与人交际,必须留心对方的避讳话。一不留心,脱口而出,最易令人不快。

虽然对方知道你不懂他的忌讳,情有可原,但在你总是近乎失礼,至少是你犯了对方的忌讳,是不会增进彼此友谊的。比方你对江浙人骂一声混账,还不是十分严重,如果你骂北方女子一声,那就会被认为是奇耻大辱,非与你大肆交涉不可。从前有一位小学教师,为了一些小争执,骂学生的母亲混账,不料这位女家长是一个北方人,因此向学校当局大兴问罪之师,要那位举出她混账的事实来。原来"混账"二字,在北方是女子偷汉的意思,这种解说使问题显得严重了,学校当局虽一再道歉,声明误会,女家长还是不肯罢休。学校只好请出他人劝解,才算了事。这近乎笑话的故事,更足以证明方言上的忌讳是必须特别留心的。

留心对方忌讳,在交际上原是小事,在彼此交谊上却有极大影响,你在社会上做人,冤家越少越好,因为说话不识忌讳而多招空心冤家,那更是不值得了。

找到共同话题

当一个人试图与对方交谈时，他最先需要选择的就是谈话的主题。通俗地讲，就是你要与对方谈什么，从什么开始交谈。如果你常常觉得与人谈话很吃力，恐怕最重要的原因，就是你对应该讲什么话这个问题有很深的误解。

人们对交谈有一个最普遍的误解是：以为只有那些最不平凡的事件才是值得谈的。这样的结果使他们把彼此的交谈搞得索然无味。他们在搜肠刮肚地寻找重大事件的同时，却忽略了谈话本身所应具有的意义。你是否有过这样的体会，当你见到熟人的时候，你在脑子里苦苦地搜索，想找一些怪诞的奇闻，惊心动魄的事件，令人神往的经历以及令人兴奋刺激的事情。

自然，这一类事情是一般人最感兴趣的了。能够在谈话的时候，讲出这样动听的事情，无论对听的人，还是对讲的人，都是一种满足。

但是，这一类的事情在我们的生活中毕竟不多。有些轰动社会的新闻，是用不着你来说别人就已经听说过的。即使是你亲身经历过的比较特殊的事情，也不必到处一讲再讲。此外，你在某一个场合讲很受欢迎的故事，在另外一些人面前就不一定受欢迎。因此，你若认为只有那些最不平凡的事情才值得谈，那你就会经常觉得无话可谈了。

其实，人们除了爱听一些奇闻轶事以外，也很愿意和朋友们谈一些有关日常生活的普通话题。比如，小孩子长大了，要进哪一所学校比较好啦，花木被虫子咬了应该买哪一种杀虫药啦，这个周末有什么好电影看，等等，这些都是良好的谈话题材，也都能使谈话双方感到有兴趣。总之，当你选择谈话的主题时，你要了解对方是否对此感兴趣，对方所具备的知识和经验是否能够将这次谈话进行到底。如果你能做到这一点，那么，你就可以称得上是一个优秀的谈话者。

第四章

沟通，用环境来点缀

交谈时，说和听双方对话语的采纳或理解，都要受特定场合的影响和制约。无论是话题的选择，还是话语形式的采用，都要根据特定场合的需要而变换。

语境会影响说话的效果

说话的语境，即指语言本身所产生的说话环境、氛围等，是说话艺术中最不易把握的，也是最常见的一种现象。不同的言语表达不同的内容，产生不同的气氛，如果不注意说话的语境变化，我行我素，一意孤行，不知变通，不仅起不到说话的效果，有时反而会使谈话无法进行下去。

一位早年毕业于某高等院校中文系、勤勤恳恳工作了几十年的老教师退休了，为此，学校为他和另一位曾多次荣获过"先进"的退休老同志一并举行了一个欢送会。

与会同志和领导对他们的工作和为人进行了热情洋溢而又非常得体的肯定和赞扬，相比之下，对那位曾多次荣获过"先进"的老同志的美誉尤多。当轮到两位受欢迎的退休老同志致答谢辞的时候，他们对大家的赞誉做了深情的感谢。

一时间，会场里充满了一种令人动情的温馨气氛。作为答谢，话本该说到这里为止，但那位老教师并未就此打住，却由人们对另一位"先进"老同志的赞扬引发了感触，并作了颇为欠妥的联想和发挥："说到先进，很遗憾，我从来也没有得过一次……"话犹未尽，坐在他对面的、平日与他相处得不很融洽的一位青年教师突然抢过话头："不，那是我们不好，不是你不配当先进，是怪我们没有提你的名。"话语中带着一种不肯饶人而又让人难堪的"刺",冷不防,老教师的眼角眉梢被"刺"出了一股感伤的表情,一时间会场中出现了一种怏怏不悦的尴尬气氛。

一位领导见势不对,马上接过话茬,想把气氛缓和一下。照理说,这时,他应避开"先进"这个敏感的话题,转而谈论其他。然而,他却反反复复劝慰那位退休老教师,叫他对"先进"的问题不要在意,说没有评过先进,并不等于不够先进,先进不仅在名义,更要看事实。如此等等,一席话等于是把本应避而不谈的话题作了重复和引申,使本已尴尬的局面变得更为尴尬。

说话的时境一定要注意

时境是诱发说话的欲望、内容的本源

人们说出来的每一句话,都是观念形态的东西。马克思说:"观念的东西不外是移入人脑的并在人的头脑中改造过的东西而已。"说话是意识活动的产物,不管是客观地介绍情况,还是主观地抒情议论,从根本上说,都只能来源于客观现实。因此,说话的欲望、内容等,都是说话人所感知的客观事物"移入"人脑之后产生的刺激诱发出来的。斯米尔诺夫在《心理学的自然基础》中指出:"意识的根源不应到脑的外部,而应该到人的社会生活——人们最复杂的意识活动形式的真正源泉中去寻找。"

不爱说话的人,在令他兴奋的场合,也常常说起来没完没了。相反的,爱说话的人,在特殊的环境中,也会缄默不语。无论爱说或不爱说话的人,其说话欲望的诱发,都是与时境有关的。

人们常说"有感而发",就是有感于说话的时境而发的。

有一次,一位领导应邀参加"新世纪党员形象"演讲会,他根本不想发言,也没做准备。但在论辩到"党员可不可以下岗"问题时,他被其他演讲者几乎一边倒的否定意见所激怒,走上讲台,做了生平以来第一次"即兴演讲",获得了极大的成功。

这位领导本来不想发言,没有在这次会上讲话的欲望,是演讲会场这个具体时境,特别是几乎一边倒的否定意见这个具体条件,刺激了他,诱发了他的说话欲望。

所谓"即兴演讲",大多是说话的时境诱发了演讲者的欲望,使他兴致勃勃地讲起话来。俗话说:"鼓不敲不响,钟不撞不鸣。"没有特定时境的诱发,往往不会有说话的想法。

时境在诱发说话欲望的同时,也为说话提供了可资谈论的话题。

老舍的话剧《茶馆》的第一幕有这样一个场面:街上兵荒马乱,正搜查谭嗣同的余党,庞太监进来说:"天下太平了。圣旨下来,谭嗣同问斩?"这话一下子打破了茶馆里"莫谈国事"的沉闷局面,出现了新的说话时境。于是:

茶客甲:谭嗣同是谁?

茶客乙:好像听说过?反正犯了大罪,要不,怎么会问斩呀?

茶客丙:这两三个月,有些做官的,念书的,乱折腾乱闹,咱们怎能知道他们捣的什么鬼呀?

王利发:诸位主顾,咱们还是莫谈国事吧?

(大家安静下来,都又各谈各的事)

这时,关于谭嗣同的谈论议题,是新的说话时境提供的,随着茶馆掌柜王利发"莫谈国事"的忠告，又回到原来的时境状态。新的说话时境没有了，关于谭嗣同的话题也就结束了。说话的时境是现实生活中与说话主体最切近的部分，能被说话人直接感知，是摆在身边的说话材料，随时可以参与进来，成为谈论的话题。

特定的场合，特定的方式

有篇报告文学记载了王震同志帮助诗人艾青的感人故事，其间王震与艾青的几次谈话，很能说明特定的交际场合需要用特定的话语形式来表达。

1957年后期，王震找到被错划为右派的艾青，一见面就说："老艾，我又爱你又恨你？你是不反对社会主义的，你是拥护真理的嘛？离开文艺界，你到我们那里去吧？"艾青到了王震兵团所在的密山安定下来后，王震诚恳而严肃地对艾青说："老艾呀，你要是搞不好，我是要骂你的。等我死了你再写文章骂我？"这些都是在背地里谈的话，在大庭广众之中说法又不一样了。艾青刚到密山，参加向荒原进军的动员大会，王震站在卡车上对大家说："有个大诗人——艾青，你们知道不知道？他也来了，他是我的朋友。他要歌颂你们，欢迎不欢迎呀？"还有一次，艾青不在身边时，王震对农场领导说："政治上要帮助老艾，赶快让他摘掉帽子，回到党内来。要让他接近群众，了解战士。"前两次讲话，均为个别交谈的场合，王震的话语既有信任，亦有批评，既有鼓励，又不严格要求，也不乏朋友间的坦诚直率。后两例，

成大事者善沟通

交际场合为当事人不在场或大庭广众之中,说语更多热情、爱护与帮助,这对当时的艾青来说,真可谓久旱逢甘霖,使他一直半吊着的心安稳了,他觉得自己"开始了生命的新旅程"。没有王震这些恰如其分的讲话,或许就不会有艾青的新生,这就是特定场合的说话艺术所产生巨大魅力。

在特定场合讲话可利用以下几种技巧和原则,以达到理想的说话效果。

(1)多角度。某些场合的变化是出人意料的。如果应对不好,会使自己陷于某种困境。这就要求说话者必须善于变换切入角度,灵活地应对和驾驭各种局面和场合。

里根就任美国总统后,第一次出访加拿大,时值加拿大正举行反美示威游行。一次,里根总统的演说为反美示威游行的人群打断。只见里根总统面带笑容对陪同的加拿大总理特鲁多说:"这种事情在美国时常发生,我想这些人一定是特意从美国来到贵国的,他们是想使我有一种宾至如归的感觉。"双眉紧锁的特鲁多眉开眼笑了。里根高超的说话水平,故作曲解、歪解,解脱了主人的尴尬,又体现了一位大国总统的胸襟与气度。

(2)正话反说。利用情境的参与,正话反说,摆脱不利的话语交际环境。例如:萧何以谋反罪诛杀韩信后,又召集群臣,设下油锅,要韩信的谋士蒯通当众供认和韩信谋反的罪行。在这种特殊环境的制约下,蒯通无法直陈其词,便用正话反说的方式先数了韩信的"十罪",接着又列举了韩信的"三愚":"韩信收燕、赵,破三秦,有精兵四十万,恁时不反,如今乃反,是一愚也;汉王驾出成皋,韩信在修武,统大将二百余员,雄兵八十万，恁时不反，如今乃反，是二愚也；韩信九里山前大会战，兵权百万，皆归掌握，恁时不反，如今乃反，是三愚也。韩信负着十罪，又有此三愚，岂不自取其祸？"蒯通明虚为数说韩信的罪状和愚蠢，实为韩信鸣冤叫屈，致使满朝文武为之动容，赢得了群臣的同情，迫使萧何难以上手烹杀。

（3）利用歧义。利用特定场合，造成情境歧义。例如，鲁迅在厦门大学任教期间，校方曾召开一次专门会议，无故削减一半学校的经费，遭到了与会人员的反对。校长林文庆不但不予理睬，反而阴阳怪气地说："关于这件事，不能听你们的。学校的经费是有钱人付出来的，只有有钱人，才有发言权？"他刚说完，鲁迅立即从口袋里摸出两个银币，"叭"的一声拍到桌子上，铿锵有力地说："我有钱，我有发言权？"致使林文庆措手不及，狼狈不堪。鲁迅讲的"有钱"和林文庆说的"有钱"是两个概念，二者所包含的语意相差甚远，鲁迅正是巧妙地利用交际环境造成的歧义，给林文庆当头棒喝，压下了他的气焰，打乱了他的阵脚，实现了当众讲话的目的。

（4）言此意彼。利用情境的微妙关系，言此意彼，使双方心领神会，从而实现交际目的。

说话看背景

人们在一定的社会文化中使用语言，而社会文化、历史等因素又渗透在语言之中，制约着语言的运用。社会文化背景情

成大事者善沟通

境是指社会场合，包括时间、地点、场合、气氛、事件背景、人事关系等。文化环境指一个民族在自己的历史发展中形成的独特的风格与传统。我们在讲话中要善于运用这种社会大环境，来衬托自己说话的小环境。

新中国成立前夕，陈毅同志在一次报告中说："我们有充分的信心可以预见，解放全中国已经不需要太长的时间了。解放上海，更是指日可待。（台下爆发雷鸣般的掌声）过不了几天，阿拉这些土八路可以到上海白相相了。（用生硬的上海话）"台下充满笑声，这样的话在当时社会环境和具体场合显得十分得体，不仅言语幽默，又鼓舞人心。

切情切境，是成功讲话的重要条件。陈毅元帅对当时报告的场景氛围的辩证运用，打破风格的表面统一，从而很好地适应了"行将进入上海"这一题旨情境，应情应景，耐人寻味。

还有一些虽然不属于大的社会环境，诸如地点、实物，但它们一旦附属于某种社会力量所能施加影响的范围，就成了社会环境。例如在国家级的外交谈判中，地点的选择是一个很敏感的问题，通常的处理方法是在谈判双方的领土上轮换举行，或者选择第三国作为谈判地点。为什么这个问题会成为一个重要而敏感的问题？人们都有这样的体会，在朋友家里做客，总有一种客人心态，说话也总是显得拘谨一些，可在自己家里接待朋友，就无拘无束了。这种主人心态，就自然形成了一种优势，人们把它叫做"居家优势"。

交际中，有时地点的改变也可形成不同的环境，从而有利于解决不同的问题，发表有针对性的讲话。例如：有些领导者发现问题，往往请下属到自己办公室谈话。办公室是上级办公的地方，下属来到这里，很容易联想到上下级关系，于是便产生了一种"必须服从"的心态。这样，本来是对等的谈话，因为地点这一特殊社会环境的参与，就有利于一方，使对等的双方，变成主动与被动的两方。主动一方便有一种"居高临下"的势头（当然这只是一种心理差异，绝不是"以势压人"）。以此类推，如果顾客与营业员发生纠纷，经理应巧妙地把顾客诱导进自己势力所能影响的范围——经理办公室。这样既可以避免事态的扩大，也可以使这位顾客与围观者隔绝，避免接受人群中一些不良反应而进一步增强不满情绪。所以，经理室实际上成了一个有利于处理问题的小社会环境。反之，如果为了加强联络，增进信任和友谊，领导人员则应走出"领导效应区"，到职工宿舍、食堂、俱乐部等地方去，以便于放开话题，无拘无束。这类非语言因素，有时正像看不见的磁场，有着极其强大的特殊效应。

可见，利用合适的社会背景说话，可明显提高说话效果，这就要求我们有敏锐的思维和具有穿透力的眼光，去洞悉社会大背景，并善于利用眼前的实物、身处的地点营造有利于自己说话的环境。

怎样利用自然环境

自然环境是指交际的时间、地点、场合。时间，小而言之是指年月，大而言之是指时代；地点，小而言之是指大庭广众、居家密室，大而言之是指城镇、乡村、野外；具体场景则指由一定的时空因素,以及交际情景有机组合而成的言语交际场合。例如,人家办喜事,你便不能谈令人丧气的话题;人家悲痛时,应忌谈逗乐的话题。大庭广众中演讲、报告,应谈与主题有关的话,不可玩世不恭草率应付;散步聊天,则具有随意性,离题或许更有离题的乐趣。

　　善于利用自然环境来增强说话效果,有时可以借用季候景物,诱发说听双方的共鸣。如郭沫若在1978年的全国科学大会上的发言,就是运用这一方法结尾的:"春分已经过去,清明即将到来。'日出江花红胜火,春来江水绿如蓝。'这是革命的春天,这是人民的春天,这是科学的春天,让我们展开双臂,热烈地拥抱这个春天吧!"当时郭老卧病难起,作此书面发言。这个发言一经宣读完,会场上就爆发出雷鸣般的掌声,通过实况转播,又在整个科学界引起了热烈的反响。郭老在这里运用"春天"这一季节环境,画龙点睛,效果显著。

　　一个人谈话总是在一定的时间、空间进行的,如时令、地理环境、自然景物往往因人的主观感受不同而附上不同的情感色彩。若能结合自然情景来组织话语,往往会收到出其不意的效果。

　　另外,自然环境对说话的声音也有着相当的限制,例如,在肃静的图书阅览室里,只有书成页翻动的"唰唰"声和用笔写字的"沙沙"声。有人进来办事,非说话不可,也只能悄悄地耳语几句,声音小得别人难以听见。如果有人大声说话,立刻成为众矢之的,随之射来一束束责备的目光。两个人在办公室里促膝谈心,一般声音就可以了,说到机密处,还可以放得更低,窃窃私语。如果两个人相距较远或在嘈杂的闹市上说话,就得高声呼喊。

第五章

沟通，别毁在细节上

> 说话之前，先要学会冷静的思考问题，有什么注意事项，有什么小毛病需要克服，你都要一清二楚，不然，这些小问题可能会坏了你的"大事"！

日常会话中应注意的事项

透过打招呼与自我介绍，可以抓住人际关系的契机，但日常的会话更能促进交情。

日常会话的目标并非理论上加深内容或直接解决有关讲话的内容本身的问题，主要是享受对话的乐趣，谋求彼此心灵的交流，同时，会话也具有放松的意味。

透过会话还能满足一些需求，诸如谋求气氛转换或歇会，以及表现自我。因此，为了加深人际关系，磨练你的会话能力是非常重要的。需要注意的事项如下：

1. 明白会话中的真实意思——也就是会话中一起交谈的事情。

因为会话并非仅由特定的人唱独角戏，它是与对方交换的共同作业。

2. 会话具有回应的特性——不管提到什么事，有人好像都不耐烦地回答"哦""不"等无精打采的话，这将无法使会面热闹起来。

造成这种情况的主要原因，多是没有回应的话题，或者自己这一边无意参加该会话，这种内在的态度也是问题的症结所在。

如果有丰富的语言，当接受对方投来的话题时，就能正确地回应。

大概因为人类具有自我表现的本能需求，因此，一旦有说话的机会时，就会自发性地想说话。如果一来一往不断地进行，其会话就会起劲，如果会话起劲，参加者的心灵交流就更加活泼。

对于充实话题方面，先决条件是当接触事物时，不要失去新鲜感，要维持精神上的年轻。如果未受感动，将是精神的老化现象。由于未注入新鲜的话题，话题将充满老朽而带霉味，毫无新鲜感。

3. 不要陷入自以为是的话题——很多人像杂学博士一样万事通，并认为那才是会话的高手条件，实际上是一种误解。虽然知道会话是重要的事情，但如果向对方谈无味的话题，等于一个人自说自听一样。会话起劲的重点是以说话者与听者共通的话题交谈。严重的是有的人在不觉之间陷入说教的话题，当然使人厌烦。

4. 留意不违反规则——往往有人在说话途中泼冷水，或在话中找碴，以及独占讲话的上风等，这些情况肯定违反原则。

说话时，自己要常常自问"这样说可以吗"，如果不那样，对方会把你的话当耳边风。如果被当耳边风，也是理所当然，同时你所说的话也无法使对方理会。如果一再违反，人们将远离你。就是聊天，也在不知不觉之间使听讲的对方消失无踪，因而造成一人唱独角戏的局面。如同舞会中的"面壁之花"，使自己迈向孤独之道，这便是自作自受了。

会谈时避免常犯的小毛病

交谈时,一般人常犯些小毛病,虽然不很重要,但也可以减低对方与你交谈的兴趣,甚至惹起别人的反感,所以还是小心防范,设法加以纠正才好。

1. 咬字不清。有的人在谈话中,常常会有些字句含含糊糊,叫人听不清楚或者误解了他的意思。所以,不说则已,只要开口,就最好把一个字当做一个字,清楚准确地说出来。

2. 用字笼统。有许多人喜欢用一个字去替许多字,譬如,他在所有满意的场合,都用一个"好"字来代替。他说:"这歌唱得真好!""这是一篇好文章。""这山好,水也好!""这房子很好。""这个人很好。"……其实,别人很想知道一切究竟是怎样好法。这房子是宽敞?还是设计得很别致呢?是材料很结实呢?这人是很老实呢?还是很爽朗呢?还是很能干呢?还是很愿意跟别人接近呢?还是很慷慨、很喜欢别人呢?单是一个"好"字,就叫人有点摸不着头脑。还有这样的人,用"那个"这两个字几乎代替所有的形容词,例如:"这部影片的确是很那个的。""这件事未免太那个了。""这封信叫人看了很那个的。"……这一类毛病,主要是由于头脑偷懒,不肯多费一点精神去寻找一个适当的恰如其分的字眼。如果放任这种习惯,所说的话就容易使人觉得笼统空洞,没有内容,因而也就得不到别人适当的重视了。

3. 多余的字句。有的人喜欢在自己的话里面加上许多不必要的字眼，例如，三句话里面，就用了两次"自然啦"这个词。又有的喜欢随意加上"不过"这两个字。有的人又喜欢老问别人"你明白吗？""你说是不是？"……像这些多余的字句，最好小心地加以避免。

4. 说话有杂音。这比喜欢用多余的字句更令人不舒服，在说话的时候，加上许多没有意义的杂音。例如一面说着话，鼻子里面一面"哼哼"地响着，或是每说一句话之前，必先清清自己的喉咙，还有的人一句话里面加上几个"呃"字……这些杂音会使人产生一种生理上的不快之感，好像给你的精彩语言蒙上了一层灰尘。

5. 喜欢用夸张的语言去强调一件事物的特性，以引起别人的注意。但也有人无论在什么场合都采用这种说法。例如："这个意见非常重要！""这一本书写得非常精彩。""这是一部非常伟大的戏剧。""这种做法是极端危险的。""这个女人简直是无法形容的美丽。"……如此这般，讲的多了，别人也就自然而然地把你所夸大的字眼都大打折扣，这就使你语言的威信大为降低了。

6. 矫揉造作。矫揉造作有多种形式的表现，有的人喜欢在交谈中加进几句英文或法文；有的人喜欢在谈话中加进几个学术性的名词；有的人喜欢把一些流行的字眼挂在口头；有的人又喜欢引用几句名言，放在并不适当的地方。这会让人觉得你在卖弄学识，故作高深，还不如自然、平实的言语更容易让人接受。

7. 琐碎零乱。在叙说事理的时候，最重要的是层次清晰，条理分明。所以，在交谈以前，必先在脑子里把所要讲的事物好好地整理一下，分成几个清楚明确的段落，摒除许多不大重要的细节。不然的话，说起话来就会拖拖拉拉，夹杂不清了。特别是当一个人叙述自己亲身经历的时候，更容易因为特别起劲，巴不得把所见所闻全盘托出，结果却叫人听起来非常吃力。

办事交谈应注意这些问题

一忌争辩

你喜欢和人争辩，是否以为你可以用议论压倒对方，就会得到很大的益处呢？其实，你不必压倒对方。即使对方表面屈服了，心里也必悻悻然，你一点好处也得不到。好争辩会损害别人的自尊心，因而对方会对你产生反感，因此失掉一些朋友。好胜是大多数人的特点，没有人肯自认失败的，所以一切争辩都是不必的。如果能够常常尊重别人的意见，你的意见也必被人尊重。如此，你所主张的，就会很容易得人拥护。你可以实现你的主张，你可左右别人的计划，但不是用争辩的方法来获取。

二忌质问

用质问式的语气来谈话，是最易伤感情的。许多夫妻不睦，兄弟失和，同事交恶，都是由于一方喜欢以质问式的态度来与对方谈话所致。除遇到辩论的场面，质问是大可不必的。如果你觉得对方的意见不对，你不妨立刻把你的意见说出，何必一定要先来个质问，使对方难堪呢？有些人爱用质问的语气来纠正别人的错误，这足以破坏双方的情感。被质问的人往往会被弄得不知所措，自尊心受到大大的打击。尊敬别人，是谈话艺术必须的条件，把对方为难一下，图一时之快，于人于己皆无好处。你不想别人损害你的尊严，你也不可损伤别人的自尊心。

三忌直白

对方谈话中不妥当部分，固然需要加以指正，但妥当部分即须加以显著的赞扬，对方因你的公平而易于心悦诚服。改变对方的主张时，最好能设法把自己的意思暗暗移植给他，使他觉得是他自己修正。而不是由于你的批评。对于那些无可挽救的过失，站在朋友的立场，你应当给予恳切的指正，而不是严厉的责问，使他知过而改。纠正对方时，最好用请教式的语气，用命令的口吻则效果不好。要注意保存或激励对方的自尊心。

四忌挑理

千万不要故意地与人为难，有的人专门喜欢表示自己与别人意见不同。这种处处故意表示自己与别人看法不同的人，和处处随声附和的人一样，都是不老实的。口才是帮助你待人处世的一种方法，没有人愿意做一个口才很好却到处不受欢迎的人。不要为了要表现你的口才，而到处逞能，惹人憎厌，口才一定要正确而灵活地表现。

五忌虚伪

对于你不知道的事情，不要冒充内行。不懂装懂是一种不老实的自欺欺人的行为，你知道多少，就说多少，没有人要求你做一个百科全书。即使一个很有学问的人，也必有所不知。所以，坦白地承认你对于某些事情的无知，这绝不是一种耻辱，相反的，别人会认为你的谈话有值得考虑的价值，因为你不虚伪，没有吹牛。

六忌炫耀

别对陌生人夸耀你的个人生活，例如你个人的成就，你的富有，或是你的儿子怎么了不起。不要在公共场合把朋友的缺点和失败当作谈话的资料。不要老是重复同样的话题，不要到处诉苦和发牢骚，诉苦和发牢骚并不是一种良好的争取同情的手段。

日常交谈的三大禁忌

一、不要总是自吹自擂

有些人总喜欢胡乱地吹嘘自己。这种人的口才或许真的很好，但只会令人厌恶而已。

这样的家伙并非是直率，就连是件单纯的事他都要咬文嚼

第五章 沟通，别毁在细节上

字地卖弄一番，看起来好像是很精于大道理的样子，说穿了只是由于强烈的自我表现欲所产生的虚荣心在作祟。

以简单明了的词汇来发表的言论，必须先充实实际内容，再以简单而贴切的词汇表达出来。若非具有这种功力，就无法具备以简单明了的词汇来表现实力，这其实远比稍具难度的辩论更困难。

有些人乍看之下很平凡且没有可贵之处。但经过认真地交谈之后，就能够很直接地被其内心的思想所感染，这种人所使用的词汇往往最简单明了。

朋友关系必须建立在真诚之上，花哨不实的言论只适合逢场作戏，朋友是靠互相感动、吸引，而不是硬性地逼迫对方接受自己的意见。为了强硬地使对方接受自己的意见，卖弄一些偏僻冷门的词汇，来表现自己的程度高人一等。这在对方看来，只觉得和你格格不入而无法接受你的看法。

朋友必须是彼此真心真意地了解，以建立一种"心有灵犀一点通"的沟通方式为目的。彼此要在交往中培养相知相惜的情谊。

二、不要不懂装懂

社会上一知半解的人一多，就容易流行起一股装腔作势之风。如果凡事都一无所知，心里便容易产生惟恐落于人后的压迫感，这也是人们常见的心态。在绝不服输或"输人不输阵"的好胜心作祟下，随时都想找机会扳回面子。

有位不具规模的小杂志社社长 N 先生，不管是什么场合他总喜欢装腔作势，故意地降低自己的声调来表现庄重的样子。不但如此，他也总是一副无所不知的样子，这种姿态让人觉得他好像在做自我宣传。

然而不论他再怎么装腔作势，夹着再多的暗示性话语或英语来发表高见，还是得不到他人的认同。而这位仁兄所出版的杂志或周刊，也永远上不了台面。

他所出版的刊物，总是被人批评为现学现卖、肤浅的杂学之流，这是因为他对任何事都喜欢来评断。当他一开口说话，旁边的人就说："天啊！又要开始了。"然后便咬着牙，万分痛苦地忍着。这和说大话、吹牛并无不同。自己本来没有高人一等的智慧，却装出一副什么都知道的样子，这样会让人看作是虚张声势的伪君子。

在朋友关系中最令人敬而远之的，就是这种一点也不可爱的男性。

承认自己也有不知道的事并不丢人，为了要自抬身价而不懂装懂，一旦被对方看穿，反而会令对方产生不信任感而不愿与你交往。

"闻道有先后，术业有专攻"，每个人都有自己的专长，不可能每件事都很精通。

愈是爱表现的人，愈是无法精通每件事。交朋友应该是互相取长补短，别人比自己专精的地方就不耻下问，即使是自己很专精的事，也要以很谦虚的态度来展现实力，这样才能说服他人。

所谓很谦虚的态度，是指对于自己专精的事物，不妨表示一下自己的意见，只是说话技巧要高明。

现代社会可以说是一个高度复杂的信息时代，每个人所吸收的知识都不可能包含万事万物。若不以虚心的态度与人交往，如何能够受到大家的欢迎；凡事都自以为是的人，必然得不到大家的尊敬。

不论是不懂装懂或是真的无知，都同样有损交际范围的扩展。

三、切记避免随意附和别人

每个人讲话都有其独特的方式，无论是讲话的语言还是手势，都具有个人色彩。例如美国人最擅长以夸大的动作，表现自己内心感受的极限；欧洲人和东方人则比较含蓄、内敛，不轻易把自己内心的感受，一五一十地表现于外。

但也不能一概而论，在现代的政治舞台和商业舞台中，夸张的演出已经蔚为一种风气。

社交活动和说话一样，需要借助情感的大力支援，也就是必须集中情感来表达才能打动人心。人并不是机器人，说话一定会有抑扬顿挫。为了辅助或加强语气，还必须加以形容调整或语尾助词。

会话必须要时常加入自己的意见才能成立，一般人总是习惯于附和别人说的话，但这种没有独自思想的附和语词，并不能表现出个人的独立人格与个人意见，一个喜欢用极端的形容词来强调自己想法或意见的人，是绝对不会以附和的口吻来表示自己的看法。

许多人在交谈时有"我同意……,但是我认为……"的习惯用语。其实在朋友交谈中,朋友想要听的是你个人的看法,而不只是要你附和地回答:"是的。"要让自己成为更独特的人就必须与一般人有所区别,尽量地表现出自己独特的看法。

因此,不妨多应用些特殊或极端的例子来表达自己的想法,不要总是附和别人的想法。

说话中的一些毛病要克服

在日常生活中,我们如果稍加留意,就会发现许多人在说话中有一些毛病。虽然这些毛病不具有决定意义,但如果不加以注意,就会大大影响我们的谈话效果。

一般人在交谈中,常常容易出现以下几个方面的问题:

1. 用多余的套话

有些人喜欢在交谈中使用太多的或不必要的套话。例如,一些人喜欢什么地方都加上一句"自然啦"或"当然啦"一类词句;另一部分人喜欢加太多的"坦白地说""老实说"一类的套话;也有人喜欢老问别人"你明白什么"或"你听清楚了吗";还有的人喜欢老说"你说是不是"或"你觉得怎么样",如此等等。像这一类习惯,你自己可能一点不觉得,要克服这类习惯,最好的办法是请你的朋友时刻提醒你。

2. 用屡杂音

有些人谈话本来很好，只是在他的言语之间掺上了许多无意义的杂音。他们的鼻子总是一哼一哼地响着，或者是喉咙里好像老是不畅通似的轻轻地咳着，要不就是在每句话开头用一个拖长的"唉"，像怕人听不清楚他的话似的。这些毛病，只要自己有决心，是可以清除的。

3. 谚语太多

谚语本来是诙谐而有说服力的话，但谚语太多也不好。用谚语太多，往往会给别人造成油腔滑调、哗众取宠的感觉，不仅无助于增强说服力，反而使听者觉得有累赘感。

谚语只有用在恰当的地方才能使谈话生动有力。在使用谚语时，我们应尽可能使其恰当。

4. 滥用流行的字句

某些流行的字句，往往会被人不加选择地乱用一番。例如，"××王"这个词就被滥用了，什么东西都被牵强地加上"王"，如"短信王""原声王"，这"王"那"王"，使人莫名其妙。

5. 特别爱用一个词

有些人不知是因为偷懒，不肯开动脑筋找更恰当的字眼，还是有其他方面的原因，特别喜欢用一个字或词来表达各种各样的意思，不管这个字或词本身是否有那么多的含义。例如：

许多人喜欢用"伟大"这个词。在他的言谈中,什么东西都伟大起来了。"你真太伟大了""这盆花太伟大了""今天吃了一顿伟大的午饭""这批货物卖了一个伟大的价钱",等等,给别人一种华而不实的印象。因此,我们要尽可能地多记一些词汇,使自己的表达尽可能准确而又多样化。

6. 太琐碎

许多人在谈话过程中琐碎得令人讨厌。例如,讲述自己的经历本来是最容易讲得生动、精彩的,很多人也喜欢听别人讲其亲身经历。但是,许多人讲自己经历的时候,一味地不分主次地平铺直叙,觉得自己所经历的,样样都有味道,都有讲一讲的必要,结果反而使听者茫然无头绪,杂乱无章,索然无味。

讲经历或故事时,要善于抓重点,善于了解听者的兴趣放在哪一点上,少用对话。在重要的关节上讲得尽可能详细一些。其他地方,用一两句话交待过去就算了。

7. 喜欢用夸张的手法

夸张的手法有一种引人注意的效果。不过,我们不能把夸张的手法用得太过分,否则,别人就不会相信你的话。

在现实生活中,不可能每次都讲"非常重要"的消息,也不可能每次都讲"最动人的"故事、"最可笑的"笑话,因此,不要到处用"非常""最""极"等字眼,否则,当你在无数的"最"中有一个真正的"最"时,又怎样表示呢?难道你能说"这件事对我是最最重要的"吗?如果你真这样说,别人听了也会无动于衷，因为他们认为你是一向喜欢夸大的人。

除了上述七点之外，我们还应该注意自己在谈话中的声调、手势、面部表情等方面，努力使各个方面协调、得体。这样，我们就能大大增强自己说话的吸引力。

活跃社交气氛的十个方法

如果你想在生活中给别人一个好的印象，就应该巧用精彩的语言活跃气氛。在社交场合更是这样。无论是主人还是客人，都有责任把活跃的气氛带给这种场合。当你跨进大厅，千万不要让冰霜结在脸上，须知一个面带愁容的人决不会受人欢迎的，所以最好是神态自若。神态自若是难得的心理平衡的体现，它包含有嘲笑自己的勇气和对别人的宽容与真诚。据说，有位著名女演员在一家餐厅吃饭，一位老年妇女走上前来，看着她的面部，然后略带遗憾地说："我看不出有多好！"这个演员神情自若地说："谢谢您的真诚，咱俩没有区别，都是一个鼻子、两个眼睛。"

在社交场合，当你明白他人的用意时，不妨神态自若，然后轻松地幽默一下。这有利于你热情主动地与周围的人交往，使你顺利地熟悉和了解众人。

1. 善意的恶作剧

有分寸地、善意地取笑别人并不是坏事。善意的恶作剧具有出人意料的效果,它能导致众人的欢笑。人们在捧腹大笑之际,超脱了习惯、规则的界限,享受不受束缚的"自由"和解除规律的"轻松"。

2. 带些小道具

朋友相聚,也许在初见面时因打不开局面陷于窘境,也许在中间出现冷场。这时,你随身携带的小道具便可发挥作用。一个精致的钥匙链可能引发一大堆话题;一把扇子,既可用遮阳光,又可在上面题诗作画,也可唤起大家特殊的兴趣。小道具的妙用不可小瞧。

3. 引发共鸣

成功的社交应是众人畅所欲言,各自都表现出最佳的才能,做出最精彩的表演,最忌一个人唱独角戏,大家当听众。为达到这一目的,就必须寻找能引起大家广泛共鸣的内容。有共同的感受,彼此间才可各抒己见,互相交流看法,气氛才会热烈。所以,你若是社交活动的主持人,一定要把活动的内容同参加者的好恶、最关心的话题、最擅长的拿手好戏等因素联系起来,以免出现冷场。

4. 自我解嘲

自我解嘲,顾名思义就是自己嘲讽自己,调侃自己,这也是一种正话反说。它是一个人心境平和的表现。它能制造宽松和谐的交谈气氛,能使自己活得轻松洒脱,使人感到你的可爱和人情味，从而改变对你的看法。在现实生活中，适时适度地"自嘲"，往往会收到妙趣横生、意味深长的效果。

5. 给一个无痛苦的伤害

有时候，那些毕恭毕敬的夫妻未必就没有矛盾，而平日吵吵闹闹的恋人可能会更亲热。社交也是如此，若彼此开句玩笑，互相攻击几句，打一拳、给两脚，反倒显得亲密无间、无拘无束。

6. 怪问怪答

交谈中，不时穿插一些意想不到的、貌似荒谬而实则有意义的问题，是很好的一种活跃气氛的形式。那些一本正经的人会给人古板、单调、乏味的感觉。也许会有人时常问你一些荒谬的问题，如果你直斥对方荒谬，或不屑一顾，不仅会破坏交谈气氛、人际关系，而且会被人认为缺乏幽默感。

7. 夸张般的赞美

和朋友久别重逢后不免寒暄一番，你完全可以借此发表一番高论，把每个人的才能、成就做一番夸张式的炫耀与渲染，这会让朋友们感到你深深地了解、倾慕他们。这种把人抬得极高，但没有虚伪、奉承之感的介绍，会立即使整个气氛变得异常活跃，友情会加深一层。

8. 寓庄于谐

社交需要庄重，但长时间保持庄重气氛就会使人精神紧张。

寓庄于谐的交谈方式比较自由,在许多场合都可以使用。用幽默、诙谐的语言,同样可以表达较重要的内容。

9. 制造悬念

在相声里,悬念是相声大师的"包袱"。有意制造悬念,会使人更加关注你的一举一动。当大家精力集中、全神贯注时抖开"包袱"之后,人们发觉这是一场虚惊,都会付之一笑,报以掌声。

10. 反话正说

运用反话正说的方法,重要一点在于处理好一反一正的关系。在交往中,准备对对方进行否定时,却先来一个肯定,也就是在表达形式上,好像是肯定的,但在肯定的形式中巧妙地蕴藏着否定的内容。正说时要一本正经,煞有介事,使对方产生听下去的兴趣。然后,再以肯定的形式抖出反话的内容,与原先说的正话形成强烈的对比,从而产生鲜明的讽刺意味,让人信以为真,增加谈话的效果。

反话正说能引人入胜,正话反说也颇意味深长。正话反说,就是对某一话题不作直接的回答或阐述,却有意另辟蹊径,从反面来说,使它和正话正说殊途而同归。这样便可以避免正面冲突,含蓄委婉,入情入理,收到一种出奇制胜的劝谕和讽刺效果。有时正话反说的曲折手法,可使人们在轻松的情境中相互沟通,使处于紧张的局面得到缓解。

第六章

沟通，用准确的语言表述准确的意愿

口才能力是有赖于技巧训练，但口才的实际基础是建立在善于思考、善于观察、兴趣广泛、知识丰富，以及强烈的同情心和责任心之上的。没有上述基础，光是口齿伶俐，也不能成为一个会说话的人。

学会有效表达

为了使我们的语言能够更好地表达出我们的本来意思或者思想，我们在说话的时候还力求要达到以下三个方面的要求：

1. 说话要有逻辑性

言之有序是指说话要有条有理，不颠三倒四，不丢三落四，按照一定的逻辑顺序把事情、道理说清楚，体现说话人思路清晰，它还指说话者观点明确，前后一致，说理严密，合乎逻辑。这个逻辑就是说话人要共同遵守的说理规则，下面介绍两种说理的逻辑方法。

（1）类比法

这是一种根据两类事物某些属性的相同或相似，推断出它们其他属性也可能相同或相似的逻辑方法。运用这种方法说理，有助于听话人触类旁通地明白事理。例如老作家秦牧《试谈积累知识和描绘事物》中的一段话："最后谈谈基本功的问题。基本功对于拿笔杆子的人很重要。不练是不行的。俗话说：'拳不离手，曲不离口。'绘画的人常画，唱歌的人常唱，而搞文字的人怎么可以几个月不写东西呢？"把写作和绘画、唱歌类比，它们都属于文艺创作的范围，具有相同的基本属性，且通俗易懂，有说服力。但是要注意不要机械类比，就是把事物间的偶然相同或相似作为论据，或者是把表面上有些相似，而实质上完全不同的事物进行类比,从而推出一个荒谬的或毫不相干的结论。

(2)反证法

中国成语中有一个"自相矛盾"的故事,有一个人同时贩卖矛与盾,他向买家吹嘘他的矛是"无坚不摧"的,盾呢,是刀枪不入的。于是,有人马上提议他"以子之矛,攻子之盾"来验证一下他的宣传是否可靠,这人当场哑口无言。这就是反证法的具体运用。有时对某个道理或问题,不容易从正面解释或反驳,不妨就换个说理方法,通过论证与此相反的论题的正确与否,来反面说明问题的是非曲直。

为了让我们说话更加具有说服力,不如学习一些简单的逻辑方法,除了以上介绍的两种,还有两难逻辑、归谬法等。

2. 说话要有分寸感

说话要有分寸,分寸拿捏得好,很普通的一句话,也会平添几许分量,话少又精到,给人感觉深思熟虑。而说话的分寸决定与你谈话的对象、话题和语境等诸多因素的需要。换句话说,要言之有度。

有度的反面则是"失度",什么叫做"失度"呢?一般说来,对人出言不逊,或当着众人之面揭人短处,或该说的没说,不该说的却都说了,这些都是"失度"的表现。下面我们就简要介绍一些在谈话中禁忌的话题,接触这些话题容易导致谈话"失度",产生不良效果。

第一,健康状况。如果是和十分亲密的人交谈,这种情况不在此列。

第二，有争议性的话题，除非很清楚对方立场，否则应避免谈到具有争论性的敏感话题，如宗教、政治、党派等易引起双方抬杠或对立僵持的话题。

第三，他人的隐私。年龄、东西的价钱、薪酬等涉及隐私的话题不要接触，容易引起他人反感。

第四，个人的不幸。不要和同事提起他所遭受的伤害，例如他离婚了或是家人去世等。当然，若是对方主动提起，则要表现出同情并听他诉说，但不要为了满足自己的好奇心而追问不休。

第五，一些不同品味的故事。一些有色的笑话，在房间内说可能很有趣，但在大庭广众之下说，效果就不好了，容易引起他人的尴尬和反感。

在人际交往中，谈话要有分寸，认清自己的身份，适当考虑措辞。哪些话该说，哪些话不该说，应该怎样说才能获得更好的交谈效果，是谈话应注意的。同时还要注意讲话尽量客观，实事求是，不夸大其词，不断章取义。讲话尽量真诚，要有善意，尽量不说刻薄挖苦别人的话，不说刺激伤害别人的话。

3. 说话要委婉含蓄

委婉是一种既温和婉转又能清晰明确地表达思想的谈话艺术，是运用迂回曲折的语言含蓄地表达本意的方法。说话者特意说些与本意相关的话语，以表达本来要直说的意思。这是语言交际中的一种缓冲方法，它能使本来也许困难的交往变得顺利起来，让听者（或观众）在比较舒适的氛围中领悟本意。

它的显著特点是"言在此而意在彼"，能够诱导对方去领会你的话,去寻找那言外之意。从心理学的角度来看,委婉含蓄的话,不论是提出自己的看法还是劝说对方,都能比较适应对方心理上的自尊感,使对方容易赞同,接受你的说法。有些话,意思差不多,说法稍有不同,给人感觉却大不一样,如:谁——哪一位;不来——对不起,不能来;不能干——对不起,我不能做;什么事——请问你有什么事;如果不行就算了——如果觉得有困难的话,那就不麻烦你了……前者太直白,后者委婉动听了许多,让人容易接受。

林肯一直以具有视觉效果的词句来说话,当他对每天送到白宫办公桌上那些冗长、复杂的官式报告感到厌倦时,他提出了反对意见,但他不会以那种平淡的词句来表示反对,而是以一种几乎不可能被人遗忘的图画式字句表达。"当我派一个人出去买马时,"他说,"我并不希望这个人告诉我这匹马的尾巴有多少根毛。我只希望知道它的特点何在。"

委婉含蓄的表达方法有以下几种:赞扬法,目的是顾全对方的面子,使对方容易下台;暗示法,很难说出口的话可以采用这种方法;模糊法,只可意会不可言传。

生活中要记得多思多想

许多人以为口才只是口上之才,他们以为口才好的人,只是因为他们很会说话,而自己却是不会说话的。他们看见许多口才好的人什么都可以说,谈什么都很动听,只是因为他们的口齿伶俐，这种看法是片面的、肤浅的。固然，口才的能力是有赖于相当的训练，但口才的实际基础是建立在他们善于思考、善于观察、兴趣广泛、丰富的常识，以及强烈的同情心和责任心。没有上述所列举的基础，光是口齿伶俐，也不能成为一个口才好的人。俗话说：巧妇难为无米之炊。

追本穷源，一个口才好的人，必须经常地在观察和思考上面下工夫。他们不断地扩充他们的兴趣，积累他们的知识，培养他们的同情心和责任心。他们谈话的题材源泉是非常充实的，那你呢？是不是每天看报纸？你看报纸的时候，是不是只看看副刊上的小说消遣而已？是不是同时也很注意重要的国际及本地的新闻呢？是不是很留心地去选择节目？是不是随便听听就算了呢？你是不是选择有意义的、精彩的电影和戏剧？是不是看戏时集中精神地去欣赏它们，而不是坐在戏院里打瞌睡？

著名剧作家曹禺曾说，哪一天我们对语言着了魔，那才算是进了大门，以后才有可能登堂入室，成为语言方面的富翁。那么，我们应该怎样来具体学习、锤炼语言呢？下面介绍几种可行、有效的方法。

1. 深入生活

生活是语言最丰富的源泉。要使自己的语言丰富起来，一个闭门造车、与外面世界无接触的人，是很难如愿的。老舍曾说："从生活中找语言，语言就有了根。"这话含有很深刻的道理。比如改革开放，神州巨变，即使是村姑野叟、市井平民，也能滔滔不绝地讲述一些自己耳闻目睹的新鲜事：联产承包、农民进城、别出心裁的广告、奇形怪状的楼房、五光十色的舞厅、色彩斑斓的服装、"老九"下海、孔雀东南飞……我们就应该及时学习、了解这些方面的语言。

俄国伟大的批判现实主义作家托尔斯泰称赞人民是一班语言的"大家"。语言的"天才"的确存在于人民群众之中。比如我们讲话常用程度副词——"特",如"特棒""特靓""特正""特红""特香""特佳"……数不胜数。通常,广大群众所使用的生活用语更是数量惊人,丰富多彩,活泼动人,这一切也都是我们平时要注意的。

2. 扩大知识面

知识贫乏是造成语言贫乏,特别是词汇贫乏的一个重要原因。如果《红楼梦》的作者曹雪芹没有相应的词汇来描写贾府上上下下的规矩、内内外外的礼教,王熙凤泼辣、干练、狠毒的性格就肯定难以惟妙惟肖;如果《水浒传》的作者不了解江湖勾当,不懂开茶坊的拉线、收小、说风情,及趁火打劫的种种口诀,他就不可能把那个成了精的虔婆王大娘刻画得绘声绘色。如今,人们都喜欢用"爆炸"这个词来形容某一方面的快速增长,比如:信息爆炸、知识爆炸、人口爆炸等。改革开放这些年来,新词语铺天盖地而至,令人目不暇接,大有"爆炸"之势。语言学研究工作者李宇明先生在其《改革开放大潮下语言大变幻》一文中,信手举了如下许多例子:

交通:巴士、的士、打的、面的;

通讯:邮政专递、大哥大;

商贸：跳蚤市场、人才市场、信息市场、星期天夜市、皮包公司、倒爷；

服装：牛仔服、文化衫、蝙蝠衫、休闲衫、迷你裙、三点式、时装表演；

娱乐：迪斯科、霹雳舞、贴面舞、卡拉OK、摇滚乐、镭射电影、闭路电视；

教育：电大、夜大、函大、委培、五大生、自费生、博士后、无围墙大学、文凭热、流失生、希望工程；

其他：特区、三资企业、第二职业、炒鱿鱼、停薪留职、打工仔、外来妹、桑拿浴、修长城、电脑红娘……

甚至还有一些特别能生成词语的格式，如："××迷""××热""××王""迷你××"等，利用这些格式可以生成一大批词语。这些词语或者从国外引进，或者是时尚的创造，或者是旧词的复活。有些词语，如AA制、B超、BB机、T恤衫、卡拉OK，汉字与外文夹杂，就是词典专家也被它们弄得不知所措，不知道该怎么把它们放在词典中排序。

词语是社会生活最敏感的反应器，新词爆炸反映了新生事物的层出不穷，反映了我们当今社会在改革大潮中的迅猛发展，反映了我们当今生活在开放洪流中的日新月异，我们对这些新的词语应及时掌握，学会运用。

3. 阅读名著

"熟读唐诗三百首，不会作诗自会吟"的经验之谈，是大家所熟悉的，它告诉人们要学习口头语，提高说话的技巧，就应多读名著。"穷书万卷常暗诵",吟咏其中,则可心领神会,产生强烈的兴味。摸熟语言的精微之处,则会唤起灵敏的感觉;熟悉名篇佳作的精彩妙笔,则会获得丰富的词汇,自己演说和讲话时,优美的语言亦会不召自来,这并非天方夜谭之事。只要我们潜心苦读,勤记善想,揣摩寻味,持之以恒,就能尝到醇香厚味,如果反复地用,不断地学,久而久之就可以像郭沫若所说的那样:"于无法之中求得法,有法之后求其他"了。

掌握一点提问的艺术

我们在社会交际中,要学会经常向别人提问。提问对于促进交流、获取信息、了解对方有重要的作用。一个善于提问的人,不仅能掌握会话的进程,控制会话的方向,同时还能开启对方的心扉,拨动对方的心弦。

要使提问达到预期目的,必须做到以下几点:

①一般提问。据社会学家的分析,任何发问都适用于一般提问方式。这种提问方式可以调动对方回答的积极性,满足对方渴求社会评价嘉许与肯定的心理。一般提问方式如果能配以赞许的笑容,效果就会更好。

②选择提问。提问要有所选择,不要提出明知对方不能或不愿做答的问题。一开始提问不要限定对方的回答,也不应随意搅乱对方的想法。

③真诚提问。不要故作高深、盛气凌人、卖弄学识,要给

人以真诚和信任的印象,形成坦诚信赖的心理感应和交谈气氛,交谈才能正常愉快地进行。

④续接提问。如果一次提问没有达到问话目的,运用续接提问是较为有效的。例如,你可以继续问"你是如何想办法的""为什么会这样呢",或者以适当的沉默表示你正在等待他进一步回答,使对方在宽松的气氛中更详尽地讲述你想知道的内容。

⑤因时提问。提问要看时机。亚里士多德说过:"思想使人说出当时当地可能说的和应当说的话。"说话的时机,就是说话的环境。它包括两人所处的自然环境、社会环境、语言环境和心理环境。一般说来,当对方很忙时,不宜提与此无关的问题;当对方伤心或失意时,不要提会引起对方伤感的问题;在业余时间里同医生、律师等谈话,也不要动辄请教有什么病该怎么治或有什么纠纷该如何处理,对于这类过于具体的问题,人们在大部分情况下,往往是不愿涉及的。所以提问要像屠格涅夫所说的那样:"在开口之前,先把舌头在嘴里转十个圈。"这样你的提问才能得到满意的回答。

⑥因人提问。人有男女老幼之分,有千差万别的个性,有不同的工作岗位和生活环境,有不同的知识水平和社会阅历,等等。所以,提问必须以对象的具体情况为准。对象不同,提问的内容和方式自然会有所区别。

⑦适当提问。提问一定要讲究得体,便于对方回答。提问能否得到完满的答复,在很大程度上取决于怎样问。适当的提问,能使人明知其难也喜欢回答。当我们需要对方毫不含糊地作明确答复时,适当提问是一种较理想的方式。

⑧诱导提问。这种提问方式是巧妙地诱导对方说出自己的心里话,同时它也是一种"迂回"对策。

总之,提问是开启对方话题的金钥匙。提问要形象、贴切,不可生搬硬套,提问是主要,说明问题为次要,说明问题只是为提问服务。

掌握一点回答的艺术

有经验的交谈者在接到对方的提问后,能立即思考并选择出一个最佳的回答方案。回答对方提问时,头脑要冷静,不能被提问者所控制,对于提问能答即答,不愿回答的可以想办法回避。

回答提问有以下几种方法:

①扣题回答。这是最常用的一种回答方式。答话如果没有针对性,轻则给人留下一个很不好的印象,重则影响交往。所以,听人说话时一定要精力集中,回答一定要有针对性。

②借题回答。巧妙地利用对方的问话,在回答提问时能收到良好效果。如果仿照和借用问话中的语气和词句,用一种出人意料的应答方法来回答,则是应付问话较为理想的办法。

③设定回答。对方的提问,有时可能会很模糊、荒诞甚至愚蠢,以至于我们很难回答。这时,我们可以分析清楚,用设定条件的方法进行回答。

④颠倒回答。回答提问时,如果将对方的语序颠倒一下,就可能成为一个与原来问句的意义截然不同的句式,如果用得

好，十分有效。

⑤幽默回答。在交际过程中，一些提问如果不好直接作答，但又不能避而不答，可以用幽默的语言回答。这样能起到很好的效果。

⑥委婉回答。交际中会有一些使人不便直说的事情，因此，对某些问题，可委婉回答，以求回答婉转而又不失礼貌。

⑦诱导回答。所谓诱导回答，就是要设法诱使对方根据自己的思想进行提问。

⑧含糊回答。回答提问要求简明、精确，但在实际应用中也有另一种情况，就是不便于把话说得太明确，这时就需要具有弹性的含糊回答。

⑨转换回答。这种方法就是故意转换自己不愿触及的话题，用另一个根本不同的内容来回答。一般来说，这种方法必须自然，要使转换的话题与原来的话题尽量有某种联系，同时还要及时。转换要抓住时机，找准借口，在对方的话题还没有充分展开之前就以新的话题取而代之。

交际中，提问要巧，回答要妙。机智的回答是高层次语言艺术境界，能使你在社会交往中左右逢源。

与人说话，你要打好腹稿

与人说话，应该特别留神。你要说的话，最好事先打好腹稿，列出纲要，免得临时遗漏；说话开头，先要定一定神，态度从容，双眼注视对方,表现出诚恳的神情,并随时注意他是否赞成你的意见,还是不以为然,据此随时调整你的说法,如果发觉他露出不愿意多听的神情,你就该设法结束话题。如果他有疑问,你就该多做解释,如果他乐于接受你的见解,你就该单刀直入,不要再绕圈子,如果发觉他要插话的样子,你就该请他发表意见。他的答话,你要特别注意,特别留神。

同样一个"喔"字,有不同的表示。"喔。"是表示知道了;"喔!"则是表示惊奇:"喔?"是表示疑问。如果他说"好的,就这样吧。"这是完全接受;"好的,以后再谈吧!"这表示不肯接受;"好的,等我研究研究。"这是原则上可以同意,办法还须讨论;如果他说:"好的,你听我的回音。"这是肯帮忙的表示;"好的,我替你留意。"这是没有把握的表示;"好的,我替你设法。"这是肯负几分责任的表示。你若能细细体会,便知道此次说话是否成功了,老于世故的人,往往不肯作露骨的表示,很容易使你误解他的意思。

你对人回答,也要有个分寸,认为对的,就回答他一声"很好"。你认为不对的,就回答他:"这个问题很难说。"自认为可以办到的就回答他:"我去试试,但成功与否不敢肯定。"自认为办不到的回答他:"这件事太困难了,恐怕没多大的希望。"

总之,不要说得太肯定,太肯定的回答,最易造成不愉快的后果。一切回答,必须留些回旋的余地,万一临时不能决定,你可以回答:"待我考虑后,再答复你吧!"或者说:"待我与某某商量后,由某某答复吧!"前者是接受与不接受各占一半,后者多数是婉言拒绝。如果对方唠叨不停,你不愿意再听下去，也有几个方法可以应付，你可以讲些其他无关紧要的话，转移目标，也可以说："好的，今天就谈到这里为止。"然后立起身来，说声"对不起，再见！再见！"他自然会中止谈话，离开你那里。

对方若是一个喜欢刺探你的意思的人，往往会迂回曲折，中间插入一句主要的话，希望你暴露真情，你如果不愿意告诉他，应该特别留神那句主要的话，设法避过，或者故意当作没有听见，或者含糊其辞，或者说"不便奉告"，来阻挡他不断地进攻。此外，宿醉未醒，不要见客；盛怒之后，不要见客。醉时容易说错话，泄露秘密；怒后容易迁怒来客，无端得罪人。人与人之间好感难得，恶感易成，所以与人对话，必须谨慎。当然知己相聚，上下古今，东西南北，与之所至，无所不谈，不必有所拘束，但是谑浪之谈，也以不虐为度，否则一言失误，感情便会产生裂痕，这就不可不防，不可不小心谨慎了。

会表达才好沟通

1. 讲话的快慢要合度，声音要适中

在交谈过程中，首先要留意自己，说话是不是太快了？如果说话快而致字音不清，就会使人听了等于没听。即使快而清楚，也不足效仿。说话的目的在于使人全部明了，别人听不清，听不懂，就是浪费时间。故我们要训练自己，讲话的声音要清楚，

快慢要合度。说一句，人家就可听懂一句，不必再问。要清楚，陌生人或地位比你低的人是不敢一再请你重说的。

其次，说话的声音不要太响。在火车里，在飞机上，或者是在有严重噪声干扰的地方，提高声音说话是不得已的。但是平时就不必要也不能太大声，在公共场所或在会客室里，过高的声音会使对方感到不舒服。

说话虽不能太快也不能太响，但在谈话中，每句话声调也该有高有低，有快有慢。说话有节奏，快慢适中，这可使你的谈话充满情感。你可留心那些使人听而忘倦的人的说话方法，留心舞台上的名角念词的方法。

2. 要揣摩如何用词，说话越简练越好

有些人在叙述一件事情时，拼命说许多话，还是无法把他的意见表达出来，结果对方费了很多时间与精力，却抓不到他话中的意思。所以，话未说出时，应先在脑里打好一个轮廓，拟几个要点。

沟通，是人与人之间特有的联系方式，而企业与外部环境的沟通，是人与人之间关系的一种放大。管理沟通既是一门技术，又是一门艺术，它有特定的规律和技巧。学习和掌握这些技巧，不仅会使人工作心情舒畅，而且会使人人缘极好，生活美满。对公司来说，有效的内外沟通是确立良好的社会形象、获取成功的秘诀之一。

良好的沟通能力，从某种意义上讲可能比知识水平、分析能力和智力程度更为重要，良好的沟通，应注意以下几点：

成大事者善沟通

①你必须机灵一些，创意要能提起人的兴趣。如果你总是向老板唠叨一些婆婆妈妈的琐事，你的前途就无望了。

②与人沟通必须带有自信，不说废话才是懂得沟通的干练之才。

③轻松潇洒的态度对于沟通的成功至关重要。你如果过于紧张，别人看着也会难受。

④说话人的诚实会给对方一个好的印象。因为世上说谎行骗的人太多了，诚实一定会有助于你的成功。

⑤对方的兴趣所在是关心的焦点，对对方的好恶要敏感。

⑥保持适当的幽默感。

⑦不要让情绪左右讯息的传递。不要心里不同意对方的话，或是另有看法，就打断别人的话。倾听并不等于完全同意对方，它只是一个"听"的动作。

⑧不要遽下结论。未经仔细考虑而下的结论，即使当时双方都很满意，日后也有可能造成麻烦。例如，太快决定雇用某人，很可能造成日后各方面时间、金钱及精力的浪费。

⑨决定你反应的方式。除非确定对方的话已经快要讲完了，否则不要太早下结论。

第一个反应一定要对对方做正面肯定的回答，就算你完全不同意对方的观点，至少感谢他愿意花时间和你一谈。

第七章

沟通，你应该言之有度

说话要有分寸，分寸拿捏得好，很普通的一句话，也会平添几许分量，话少又精到，给人感觉经过深思熟虑。而说话的分寸取决于与你谈话的对象、话题和语境等诸多因素。换句话说，要言之有度。

以情理服人，入情入理

有的话带有明显的目的性，如说服、劝解、抚慰、交心、解释，等等。为了达到这样的目的，最有效的手段就是以情理服人，做到入情入理，这样的交谈才会有效。古人讲，精诚所至，金石为开。在人际交往中，人们彼此的情感是相互作用与影响的，只有情相通，心相近，所说的话才能在对方的心灵上产生共鸣，发挥作用。因此要向对方说理，必须先了解对方的心理与情感需求，站在对方的角度考虑，思想感情上接近、沟通，产生"自己人"效应，说理才能奏效。

当然，以情说理，重要的是找准对方情感上的"突破口"。先前纵横家的鼻祖鬼谷子曾经说过："仁人轻货（财物），不可诱以利，可使出费；勇士轻难，不可惧以患，可使拒危；智者达（知晓）于数，明于理，不可欺以诚，可示之以道理，可使立功。"就是说要抓住对方心理与情感上最易打动之处，将"情理"和对方的个性、处境、心思等因素紧密相连，申明利害，满足其最高情感价值需求，使之心动。而且在说理过程中，还要善于适应对方情绪思路的变化，因势利导。如顺着对象具有的种种疑虑，层层排除；顺着其合理的见解，适时赞许；根据其两难的处境谋划协助之；根据他憎恶的地方献策对付之。这种揣摩情意的说理方法通常能够取得很好的效果。

将以情服人与以理服人结合起来，做到春风化雨，润物无声。晓之以理，动之以情，才能在与人交流的时候达到目的。

把握原则也要记得变通

原则，是一条待人接物的轨道；但是墨守原则，这条轨道便会成为碍手碍脚的束缚，不但窄化了你的视野，并且局限了你的人生。做人的最高原则，应该是"可以随时改变你的原则"。

从前有个读书人，自认学富五车，无论做什么事情，都喜欢引经据典、咬文嚼字一番。根据他的说法，是为了"不违古训"，展现读书人的"满腹经纶"。

一天，读书人的家里突然发生火灾，救火不及的大嫂气喘吁吁地对他说："快点叫你哥哥回来救火，他在隔壁王大爷家下棋。"

读书人出了大门，心想："嫂子叫我快一点，这有违古训，圣贤书上不是都说'欲速则不达'吗？我怎么能匆匆忙忙的呢？"

因此，他慢慢吞吞地走到王大爷的家，看见哥哥和王大爷正在兴高采烈地弈棋，读书人走上前去，默默地站在哥哥身旁观棋。好不容易，这精彩的棋局总算下完了，读书人这才说道："哥哥，家里失火，嫂子叫你快点回去救火！"

哥哥一听，简直气得说不出话来，他浑身直抖，过了好一会儿，才咬牙切齿地骂道："这么严重的事，你为什么不早点说？"

读书人一脸理所当然的样子，指着棋盘上的字说："难道你没看见这棋盘上清清楚楚地写着'观棋不语真君子'吗?"

到了这种地步,还要什么斯文!哥哥听不下去,举起拳头正要打他,但想一想,到了这种地步就算打了也无济于事,于是硬生生地将拳头缩了回来。

读书人见哥哥缩回拳头,反而把脸凑了过去,说道:"哥哥,你打吧!棋盘上写着'举手无回大丈夫',你怎么可以把手缩回去呢?"

孔子说:"深则厉,浅则揭。"意思是当人们穿着衣服过河时,若是遇到水浅的时候,可以把衣服拉高了涉水过去,但是万一水太深了,怎么样都无法避免弄湿,你又何必多此一举地把衣服拉高呢?

连孔子这样的至圣先师都不能不依照情况调整他做人处世的方法,我们身为凡夫俗子,又岂能那么不知变通?

每个人都有自己的原则,都有自己的习惯,但是当情况改变了,你若不能跟着改变,你就会被淘汰。

固守原则,未必是件坏事,但是不知变通,你的路便会越走越窄,只有纵观全局的人,才能进退得宜,海阔天空。

永远都要"有话好好说"

狄摩西尼曾说:"一条船可以由它发出的声音知道它是否破裂,一个人也可以由他的言论知道他是聪明还是愚昧。"

这句话告诉我们,人们往往用内心的思想来评断自己,但是,别人却会从你口里说出来的话来评断你这个人。

纪晓岚是众所皆知的机智才子,此外,他还是个绝佳的沟通高手。纪晓岚在小的时候就已经非常有大将之风了。有一次,他和几个孩子在路边玩球,一不小心,把球丢进了一个轿子里。

大家匆匆忙忙地跑过去一看,这可不得了!轿子里坐的竟然是县太爷,不仅如此,那颗皮球还不偏不倚地击中了他的乌纱帽!

"是谁家的孩子胆敢在这里撒野?"乌纱帽被天外飞来的一球打歪的县太爷怒斥道。孩子们一哄而散,惟独纪晓岚挺着胸膛,走上前去想讨回皮球。

纪晓岚恭敬地对县太爷说:"大人政绩卓越,百姓生活安乐,所以小辈们才能在这里玩球。"

县太爷一听,气马上消了一半,他笑着说:"真是个小鬼灵精!这样吧,我出个上联给你对,要是你对得上,我就把球还给你。"

县太爷环顾了一下四周,出了道题目:"童子六七人,惟汝狡!"

纪晓岚眼睛一转,说出了下联:"太爷二千石,独公……"

"独公什么?赶快说啊!"

"大人,如果把我的球还给我就是'独公廉',要不然就是'独公……'"纪晓岚故意支支吾吾地不说下去。

县太爷看到这种情形,不由得哈哈大笑,他一边把球还给纪晓岚一边笑骂道:"好小子,真有你的!我才不要中了你的圈套,成了'独公贪'咧!"

一言定江山,一个人的谈吐便有可能改变他的一生。20世纪60年代,美国有一位民权运动者,在街头巷尾宣传"种族平权运动"。他的声音冷静,但用字遣词充满张力,一波接着一波的言语像一首交响乐,以一种锐利的形势层层迭上、推进人心。

当他终于以最深沉的嗓音嘶吼出"我有一个梦!我有一个梦"时,台下的群众全被震慑住了,他们疯狂地响应着:"阿门!阿门!"

这个名叫马丁·路德·金的民权运动者,便以这篇著名的《我有一个梦》的演讲席卷全国,改写了美国的历史。

征服一个人,以至于征服一群人,有很多时候用的往往不是刀剑,而是舌尖。

我们也许没有纪晓岚的机灵,没有马丁·路德·金的魅力,但是"有话好说",乃是我们必须用一生来学习的艺术。

听懂别人的话再说话

口才不是天生的,都是后天训练得来的。但是,在学会说话的艺术之前,请先学会如何听话。

何老太太经过菜市场时看到有人正在拍卖龙虾,15两重的一只仅仅只要200元,但是八只绑成一串,一次至少得买一串。因此,何老太太站在摊位前凝望良久,举棋不定。

这时,有位年轻的妇人挤了过来,对何老太太说:"老太太,是不是也想买龙虾?可是八只太多了,我们俩合着买好不好?"何老太太想了想,开心地答应了,两人各出800元,一起买了八只大龙虾。

　　年轻的妇人把龙虾分成两袋，一袋五只，另一袋三只，然后说："老太太，我家只有两个人，所以我拿三只就好了，你比我多拿两只，再付给我400元好吗？"老太太心想，今儿个晚上儿子全家都会回来，大伙儿打打牙祭也好，于是就答应多拿两只，另外又多付了400元给那位年轻的妇人。

　　回到家里，何老太太连忙把她的战利品展示给老公看，并且把经过向何老先生叙述了一番。

　　老先生听了，大声喊道："老婆，被人骗啦！"

　　她是什么时候被骗的呢？

　　原来，何老太太只买了五只龙虾，却总共付了1200元，因为那位妇人告诉她说"比我多拿两只"。事实上，妇人只是将自己的其中一只给了老太太，老太太多了一只，妇人少了一只，这么一加一减，不就差了两只吗？

　　不懂得拐弯抹角说话，你便会伤了别人的心；不懂得拐弯抹角听话，你便会上了人家的当而不自知。

　　明枪易躲，暗箭难防，听不懂别人的话，你便会被人卖了还替人数钞票，从今天开始，嚼点口舌来训练自己能听能说吧！

开口前先了解状况

　　富兰克林曾经提醒我们："当发怒和鲁莽开步前进的时候，悔恨也正踩着两者的足迹接踵而来。"

遇到不如意的事情就勃然大怒，只不过是宣泄自己的不满情绪而已，绝不会帮助自己解决问题，或是走出困境。

某企业的一个市场调查科长，因为提供了错误的市场信息而造成了企业的重大损失。犯了这样严重的错误，毫无疑问，企业总经理可以不问理由地对他进行斥责，甚至撤职。

但是，这位怒上心头的总经理还是忍了忍，他想先了解一下：到底是这位科长本身不称职而听信了错误信息呢，还是由于不可预料的原因导致的？

于是，这位经理压下了心中的怒火，心平气和地把科长叫来，让他把判断失误的原因写一个报告交上来。

事情就这样拖了一段时间，几个月之后，这家公司因为这位市场调查科长提供的信息极为准确而饱赚了一笔。

于是，总经理又叫人把那个科长请来，说："你上次的报告我看了，你们的工作做得不太细致，有一定责任，但主要是不可预测的意外原因造成的，因此公司决定免除对你的处罚，你也就不要把它再放在心上，只要以后汲取教训就行了。这一次，你做得不错，为公司提供了重要信息，我们仍然一样地表扬你。"

说完之后，总经理随即从办公桌里拿出一个红包递给他，这个科长接过来时，不禁眼眶泛红。

俄国文豪屠格涅夫曾经说道："开口之前，应该先把舌头在嘴里转十个圈。"

因此，千万要切记，在开口批评人之前，一定要了解事实，在心里问一下自己："我不会搞错吗？"否则，乱指责人，不仅落了个乱骂人的坏名声，事后还得向下属赔礼道歉。

然而，就算是你能放下架子，坦率地向下属说："对不起，是我弄错了。"下属所受的伤害和内心对你的憎恶，却很难一下子就冰释。

如果你了解这个错误确实是下属犯的，也还要进一步调查和思考：这个下属该承担多大的责任？错误的原因是不可避免的，是一时的疏忽，还是责任心不强，甚至是明知故犯？

因此，你一定要管好自己的口，要牢记一句话："没有调查就没有发言权。"见到问题时，先别忙着发怒和批评人，而是去了解情况。这样一来，主动权就操纵在你的手里，你想在什么时候、采取什么方式对他进行批评，完全由你决定。

说话时你要懂得换位思考

说任何话之前，我们要在脑海中替别人想一想。这样说出的话才不会引起矛盾和误会，大体上也不会犯错误。

其实，生活中我们很多时候犯的错误往往来自只从自己的角度思考问题。为了避免这样的错误，就得学会换位思考，并在此基础上调整行为的方式。换位思考就是完全转换到对方的角度思考，从而更理解人、宽容人，就是要求在观察处理问题，做思想工作的过程中，把自己摆放在对方的角度，对事物进行再认识、再把握，以便得到更准确的判断，从而说出的话也才能真正说到别人的心窝里。

《圣经》里有这样一个故事。一次，大家要砸死一个妓女。

耶稣说："可以，可是你们每个人都要扪心自问，谁没有犯过错误，那他就可以动手。"在场的每个人都自觉问心有愧，最后谁也没有砸她。为何所有人在耶稣的这个问题前变得不敢动手了呢？因为没有一个人有动手的资格——只要想到自己原来也有可能犯错，就能同情这位妓女了。

即使是最没本事的人，在责备别人时往往也能够大发议论；即使是最聪明的人，在对待自己缺陷时也往往糊涂。我们只要经常用指责别人的态度来要求自己，用宽恕自己的心思去对待别人，怎么不可能有大进步呢？

儿时常做一种游戏：两腿叉开，头向下从两腿之间往后看过去。本来习以为常的乡间景色便有了新意，让人百玩不厌，常玩常新。成年后多了些社会生活经验，又读了些书，知道那种看似简单的游戏实际上蕴藏着并不简单的道理：换位思考。

仔细想来，生活中诸多不快、诸多矛盾的引发，未必都有多么复杂、多么严重的理由，如果能够互相了解、互相理解，或许就根本不会发生。而换位思考就是达到互相理解的一种有效途径。

说话时不要总自以为是

在我们的周围，有些人喜欢抬杠，只要和别人一搭上话就针锋相对，无论别人说什么，他总要加以反驳，其实他自己一点主见也没有。不过当你说"是"时，他一定要说"否"，到你说"否"的时候,他又说"是"了。这是一种极坏的习惯,事事要占上风,处处自以为是。生活中,如果你不幸成了那样的人,那请认真地听从别人的告诫。

即使你真的比别人见识多,也不应该以这种态度去和别人说话。这种不良习惯使你自绝于朋友和同事,没有人愿意给你提意见或建议,更不敢向你提一点忠告。你或许本来是一个很好的人,但不幸染上了这种习惯,朋友、同事们都远你而去了。唯一改善的方法是养成尊重别人的习惯。首先你要明白,在日常谈论当中,你的意见未必是正确的,而别人的意见也未必就是错的。把双方的意见综合起来,你至多有一半是对的。那么,你为什么每次都要反驳别人呢?

大概有这种坏习惯的人当中,聪明者居多,或者是些自作聪明的人,也许他太热心,想从自己的思想中提出更高超的见解,他以为这样可以使人敬佩自己,但事实上完全错了。一些平凡的事情,是没有必要费心进行高深的研究的。至少我们平常谈话的目的,是消遣多于研究吧,既然不是在研究讨论问题,又何必在一些琐碎的事情上固执己见呢。另外有一点应该注意,那就是在轻松的谈话中不可太认真了。

别人和你谈话,他根本没有准备请你说教,大家说说笑笑罢了。你若要自作聪明拿出更高超的见解,即使确是高超的见解,对方也决不会乐意接受的。因此,你不可以随时显出像要教训别人的神气。

当你的同事向你提出建议时,你若不能立刻表示赞同,但起码表示可以考虑,不可马上反驳。假如你的朋友和你聊天,那你更应注意，太多的执拗能把有趣的生活变得枯燥乏味。

如果别人真的犯了错误，而又不肯接受批评或劝告，你也不要急于求成，不妨往后退一步，把时间延长一些，隔几天再谈，否则，大家固执不但不能解决问题，反而伤害了感情。因此，在社交中，随时考虑别人的意见，不要做一个固执的人，惟有这样才能获得人们的赞赏和喜爱。

大量事实说明，人们谈话时都有一个目的：想知道别人对某件事的看法是否和自己相同，并进一步希望别人对某件事情和自己能有相同的看法。如果别人的看法与自己的看法略有不同或大不相同，便会感到极不舒服，甚至立即不高兴起来，这是人很正常的一种情绪反应，当然这也是一种很不利于人际交往的现象。因此人们在日常交往中更应该注意的是学会控制自己的情绪，切莫自以为是，即使在别人不同意你对某事的看法时，也应该显得对此很有兴趣。

所以，当你听到别人的意见和你一样时，你要立刻表示赞同。不要以为这样做会被人认为你是随声附和，因而就不吭声了。不吭声，虽然不会被人误解为随声附和，却也容易使人认为你并不同意。

同样，当你听到别人的意见和你不一致时，你也要立刻表示你什么地方不同意、为什么不同意。不要以为这样做会伤害彼此的感情而不吭声。

第八章

沟通，你要给彼此留有余地

别人也许真的错了，但他们自己并不这么认为。或者，他虽然明知错了，也希望得到足够的尊重。所以，别去指责他们。给别人留一点余地，对别人也好，于自己也好。

设法保住别人的面子

别人也许真的错了,但他们自己并不这么认为。或者,他虽然明知错了,也希望得到足够的尊重。所以,别去指责他们,因为那是愚人的做法。尝试着去理解他们,只有真正智慧、宽容的人才能做到这一点。

一个人犯错误,往往不是因为他不知道是在犯错误,而是因为他想犯错误。宣传教育对于想犯错误的人基本无效。防止犯错的方法有两种,一种是让人不敢犯错,一种是让人不想犯错。前者是强制手段,见效快而难服人心;后者是沟通艺术,见效较慢而作用力持久。要想让一个人对自己的行为真正负责,依赖于他的自尊和良知的觉醒。那么,首先要设法帮他保住面子,以免他自暴自弃。

有一种人,脾气粗野狂暴,不管什么事都能搞得像滔天大罪那样不可饶恕。他们这样做并不是出于一时的狂怒,而是源于他们自己的禀性。他们谴责每一个人,要么因这个人做过的某件事,要么因他将做的某件事。这暴露出一种比残忍还要可恶的性情,这种性情才真是糟糕透顶。他们是如此夸张地非难别人以至于他们能把别人原本是芝麻大小的一个问题渲染得像西瓜那样大,并借此将其全盘否定。他们是不通人情的工头,能把天堂糟践成牢房。盛怒之下,他们把一切都推到极端。

第八章 沟通，你要给彼此留有余地

这样做有什么好处呢？别人丢了面子，而他得到了怨恨。

有智慧的人绝不如此处理问题，他把别人的自尊放在第一位，然后才设法将事情导向好的方面。

一天中午，一位老板到工厂进行例行检查时，看到一些员工在挂着"禁止吸烟"的标牌下面吸烟。没有比明知故犯更可恶的事情了，这是多数人的看法。这位老板却没有多数人这么敏感。他走到这些工人们身边，递给每个人一支烟，说："小伙子们，如果你们能在外面抽烟的话，我就真要感谢你们了。"

小伙子自然知道自己违反了厂里的规定，但老板不仅没有指责他们，反而还给每人一支烟。他们的自尊得到了尊重，他们被人当人看，当然要表现得像个人。所以，公然在厂内吸烟的人再也没有了。

当一个人犯了错误时，往往能找到上百个理由为自己辩护，其中一个最常用的理由是："换了是你，不见得比我做得更好。"当一个人心里有了这种想法，你说得再多，他也不会心悦诚服。这时候，最有效的说服是言传身教，把你要求他做好的事做给他看。

日本大企业家、三洋公司创始人井植薰喜欢遵守规则又敬业的员工。而他本人也绝对遵守公司的各项规章制度并且勤奋敬业，决不因为自己是老板而打半分折扣。比如，他每天早上7点，准时到达公司，准确率比闹钟还高，而且几十年如一日，若非出差，绝无误差。他本人如此律己，所以他公司几乎没有一个不勤奋敬业而遵守规章的员工。

比尔·盖茨欣赏聪明而干劲十足的员工，但他没有每天安

-115-

逸地躺在床上，逼员工加班加点干活。在创业的最初十几年，他跟普通员工一样，每天工作16个小时，累了就往地板上一躺，睡上一觉，睡醒了爬起来接着干。

一个人能做到他提倡的事，比他唠唠叨叨说一万遍更有说服力。

有的人并无意伤人面子，只是说话时表达不当，造成了实际伤害的效果。

比如，有些领导提倡"在总结成绩的基础上找差距"这种批评方式，目的就是为了照顾下属的面子，效果却不见得好。

比如，老板对一个业绩不佳的员工说："我对你的工作表现非常满意，但是如果你能在工作方法上注意一点，业绩肯定会提高。"

员工开始会觉得受到了鼓励，直到听到"但是"两个字，他很可能因此而对最初的表扬产生怀疑，对他来说，这个表扬也许只是后面批评的引子而已，可信性遭到质疑。

如果老板这样说："我对你的工作表现很满意，而且你的进步也很明显，说明你在这方面有潜质。如果在工作方法上做一些改进，我相信你的进步会更快。"这样员工便不会感到批评的暗示，同时也能够受到鼓励，并尽力做得像老板期待的那样好。

有的人把自己的面子看得贵如金，却把别人的面子看得贱如纸。他们为了自显高明，无视他人尊严，甚至将对方逼到非反抗不可的地步。其结果，也不过自取其辱罢了。

素来以傲慢无礼、举止粗鲁而闻名于世的赫鲁晓夫就曾尝到过伤人面子的苦头。那是 1957 年，美苏首脑举行会谈，美国副总统尼克松应邀出访苏联。在此之前，美国国会通过了一项《关于被奴役国家的决议》。这一决议受到苏联最高领导人赫鲁晓夫的激烈抨击。本来他可以采取其他比较得体的方式表达自己的看法，但赫鲁晓夫却选择了一个既有失身份，又伤人尊严的方式。在美苏首脑会谈中，他指着尼克松吼叫着："这项决议很臭，臭得像马刚拉的屎！没有什么东西比那玩意儿更臭了！"

在这种关系到国家和民族尊严的场合，尼克松当然也不会示弱，他知道赫鲁晓夫年轻时曾当过猪倌，就慢条斯理、一字一句地说："恐怕主席先生说错了，还有一样东西比马粪更臭，那就是猪粪。"

赫鲁晓夫不禁一时语塞，尽管他是一个很有自制力的领导人，也不免羞得满脸通红。

在人际交往中，只要维持住双方的面子，则一切争端都有回旋余地；一旦撕破脸皮，就极可能转入火星四溅、双方都无力控制的局面。为了自己的面子，不给别人留余地，绝对是在做蠢事。

此外，在人际交往中，由于知识缺陷，每一个人都会说蠢话、做蠢事；由于价值观不同，每个人都有自己的偏见。看见别人说蠢话、做蠢事时，或者坚持自己的偏见时，为了保住他的面子，最好是给他一个"台阶"下，这对于维持双方的关系是非常重要的。

勿揭人短，勿戳人痛

明太祖朱元璋出身贫寒，做了皇帝后自然少不了有昔日的穷哥们儿到京城找他。这些人满以为朱元璋会念在昔日共同受罪的情分上，给他们封个一官半职，谁知朱元璋最忌讳别人揭他的老底，以为那样会有损自己的威信，因此对来访者大都拒而不见。

有位朱元璋儿时一块长大的好友，千里迢迢从老家赶到南京，几经周折总算进了皇宫。一见面，这位老兄便当着文武百官大叫大嚷起来："哎呀，朱老四，你当了皇帝可真威风呀！还认得我吗！当年咱俩可是一块儿光着屁股玩耍，你干了坏事总是让我替你挨打。记得有一次咱俩一块偷豆子吃，背着大人用破瓦罐煮，豆还没煮熟你就先抢起来，结果把瓦罐都打烂了，豆子撒了一地。你吃得太急，豆子卡在嗓子眼儿还是我帮你弄出来的。怎么，不记得啦！"

这位老兄还在那喋喋不休唠叨个没完，宝座上的朱元璋再也坐不住了，心想：此人太不知趣，居然当着文武百官的面揭我的短处，让我这个当皇帝的脸往哪儿搁。盛怒之下，朱元璋下令把这个穷哥们儿杀了。这就是戳人痛处的下场。

在待人处世中，场面话谁都能说，但并不是谁都会说，一不小心，也许你就踏进了言语的"雷区"，触到了对方的隐私

第八章 沟通，你要给彼此留有余地

和痛处，犯了对方的忌给，对方造成一定的伤害。其实，每个人都有所长，亦有所短，待人处世的成功，一个很重要的因素就是善于发现对方身上的优点，夸奖对方的长处，而不要抓住别人的隐私、痛处和缺点，大做文章。切记：揭人之短，伤人自尊！

"揭短"，有时是故意的，那是互相敌视的双方用来作为攻击对方的武器。"揭短"，有时又是无意的，那是因为某种原因一不小心犯了对方的忌讳。有心也好，无意也罢，在待人处世中揭人之短都会伤害对方的自尊，轻则影响双方的感情，重则导致友谊的破裂。

有这样一个真实的例子，有一群人在看电视剧，剧中有婆媳争吵的镜头。张大嫂便随口议论道："我看，现在的儿媳真是不知道好歹，不愿意和老人住在一起。也不想想以后自己老了怎么办？"话未说完，旁边的小齐马上站了起来，怒声说："你说话干净点，不要找不自在，我最讨厌别人指桑骂槐！"原来小齐平素与婆婆关系失和，最近刚从家里搬出另住。张大嫂由于不了解情况，无意中揭了对方的短而得罪了小齐。所以只有了解交际对象的长处和短处，为人处世才不会伤人也伤己。且看下面这个例子。

有一位年轻的姑娘长得很胖，吃了不少的减肥药也不见效果，心里很苦恼，也最怕有人说她胖。有一天，她的同事小张对她说："你吃了什么呀，像气儿吹似的，才几天工夫，又胖了一圈儿。"

胖姑娘立马恼羞成怒："我胖碍着你什么了？不吃你，不喝你，真是狗咬耗子，多管闲事！"

小张不由闹了个大红脸。在这里，小张明知对方的短处，却还要把话题往上赶，这自然就犯了对方的忌讳，不找麻烦才怪哩。

所以，还是俗话说得好，"打人不打脸，揭人不揭短"，要想与他人友好相处，就要尽量体谅他人，维护他人的自尊，避开言语"雷区"，千万不要戳人痛处。

做事留有余地

在工作和生活中，我们随时都会遇到一些人，说了对不起自己的话或做了对不起自己的事。这时，我们应当怎么办呢？是针锋相对，以怨报怨，还是宽容为怀，原谅别人？

人生好比行路，总会遇到道路狭窄的地方。每当此时，最好停下来，让别人先行一步。如果心中常有这种想法，人生就不会有那么多抱怨了。即使终身让步，也不过百步而已，能对人生造成多大影响呢？你经常让人一步，别人心存感激，也会让你一步，一条小路对你来说也是坦坦通道。你事事不肯让人，别人心怀怨恨，就会设法阻碍你，损伤你，即使一条大路，对你也充满险阻。人与人之间往往是心与心的交往，诚心换来的是真情，坏心换来的是歹意。

在战国时代，有一个叫中山的小国。一次，中山的国君设宴款待国内的名士。当时正巧羊肉汤不够了，无法让在场的人都喝上。没有喝到羊肉汤的司马子期感到很失面子，便怀恨在心，到楚国劝楚王攻打中山国。中山国很快被攻破，国王逃到了国外。当他逃走时，发现有两个人拿着剑跟在他的后面，便问："你们来干什么？"

两人回答："从前有一个人曾因得到您赐予的一点食物而免于饿死，我们就是他的儿子。我们的父亲临死前嘱咐，不管中山国以后出什么事，我们必须竭尽全力，甚至不惜以死报效国王。"

中山国君听后，感叹地说：仇怨不在乎深浅，而在于是否伤了别人的心。我因为一杯羊肉汤而亡国，却由于一点食物而得到两位勇士。人的自尊比金钱还要重要。一个人如果失去了少许金钱，尚可忍受，一旦自尊心受到损害，就无法预测他将会干出什么事来。有时候，本无存心伤人之意，却可能因为一句无意的话伤害别人，甚至可能为自己树立一个敌人。言行的谨慎看来是很重要的。

从前有某显宦，喜欢下棋，自负是国手。某甲是他门下的一名食客，有一天与某显宦下棋，一入手便咄咄逼人。比赛到后来，竟逼得某显宦心神失常，满头大汗。某甲见对方焦急的神情，格外高兴，故意留一个破绽。某显宦满以为可以转败为胜，谁知某甲突出妙手，局面立时翻盘。某甲很得意地道："你还想不死吗？"

某显宦遭此打击，心中很不高兴，立起身来就走。虽然某显宦有很深的修养，胸襟宽大，但也受不了这种刺激，因此对某甲就有了成见。而某甲呢，他始终不懂为什么某显宦不再与他下棋。某显宦也为了这个，总是不肯提拔某甲。某甲只好郁郁不得志，以食客终其身。也许他会自认命薄，哪知是忽略了对方的自尊心，控制不住自己的好胜心，使小过失铸成了终身的大错。

如果遇到必须取胜，无法让步的事，又该怎么做呢？那也要给别人留一点余地，就像下围棋一样，"赢一目是赢，赢一百目也是赢"。只要能赢就行了，何必让人家满盘皆输？比如与人争辩，以严密的辩论将对方驳倒固然令人高兴，但也没必要将对方批驳得体无完肤。这样做不但对自己毫无好处，甚至会自食其果，遭到对方的反击。当我们和他人发生摩擦时，首先要了解他的想法，然后在顾及对方颜面的前提之下，陈述自己的意见，给对方留有余地。这一点在处理人际关系时非常重要。

永远不要说"你错了"

无论别人指责我们的错误，还是我们指责别人的错误，都对好心情没有好处。既然如此，我们没有必要执着于对或错，不如圆滑一点，按照对事情和心情最有好处的方式来做。

四千年前，古埃及阿克图国王在一次酒宴中对他的儿子说："圆滑一点，它可使你予求予取。"

换句话说，不要对别人的错误过于敏感，不要执着于所谓正确的意见，不要轻易刺激任何人。

如果你要使别人同意你，应当牢记的一句话就是："尊重别人的意见，永远别说你错了。"

在人际交往中，破坏力最强的莫过于这三个字：你错了。它通常不会造成任何好的效果，只会带来一场不快、一场争吵，甚至能使朋友变成对手，使情人变成怨偶。跟别人相处的时候，我们要记住，和我们来往的不是度量不凡的超人，更不是修炼到家的圣人。和我们来往的都是感情丰富的常人，甚至是充满偏见、傲慢和虚荣的怪人。超人和圣人能够虚怀若谷地对待别人的批评，但常人不能，怪人更不能。所以，当我们想说"你错了"时，应该明白，对方十有八九不会虚怀若谷地接受。就像我们自己不会虚怀若谷地接受别人说"你错了"的评价一样。

一个人说错话或做错事，总是有原因的，所以我们即使明知自己错了，也会强调客观原因，认为错得有理。

当我们犯了错误时，并非意识不到犯了错误，只是顽固地不肯承认而已。所以，当你对一个人说"你错了"时，必然撞在他固执的墙上。

比如，有一位先生，请一位室内设计师为他的居所布置一些窗帘。当账单送来时，他大吃一惊，意识到在价钱上吃了很大的亏。

过了几天，一位朋友来看他，问起那些窗帘时，说："什么？太过分了。我看他占了你的便宜。"

这位先生却不肯承认自己做了一桩错误的交易，他辩解说："一分钱一分货，贵有贵的价值，你不可能用便宜的价钱买到高品质又有艺术品位的东西……"

结果，他们为此事争论了一个下午，最后不欢而散。

不论我们用什么方式说"你错了"，一句话，一个眼神，一种说话的声调，一个手势，只要让他听出或看出"你错了"的意思，他就绝不会有好脸色给你！因为你直接打击了他的智慧、判断力、荣耀和自尊心。只会使他想反击，但决不会使他改变心意。即使你搬出孔子或柏拉图理论，也改变不了他的成见，因为你伤了他的感情。

永远不要这样做：你的确错了，不信我证明给你看。这等于是说："我比你更聪明。我要告诉你一些事，使你改变看法。"

假如对方真的错了，你必须让他承认并纠正错误，也应该回避"你错了"或类似的词语。你有必要运用一些技巧，使对方察觉不到"你错了"这三个字。正如一位哲人所说："必须用若无实有的方式教导别人，提醒他不知道的好像是他忘记的。"

有一位先生，花3天时间写了一篇演讲稿，他认真地撰写、修改并润色，其精心程度绝不亚于鲁迅或朱自清写一篇文章——据说鲁迅写完一篇文章后，通常要改7遍，而朱自清每天只写500字。

这位先生认为演讲稿写得十分到位，得意地读给妻子听。妻子认为这篇演讲稿写得并不出色，但她没有说："你写得太差劲了，都是老生常谈，别人听了一定会打瞌睡的！"

她说："如果这篇文章是投给报社的话，肯定算得上是一篇佳作。"换句话说，她在赞美的同时巧妙地表达出它并不适合演讲。丈夫听懂了其间的涵义，立即撕碎了精心准备的手稿，并决定重写。

伟大的心理学家席勒说："我们极希望获得别人的赞扬，同样地，我们也极为害怕别人的指责。"

既然如此，在我们觉得需要说"你错了"时，要用最大的耐心和最大的智慧，将"你错了"三个字重新咽回自己的肚子里。说"你错了"不如承认"我错了"。

没有多少人能够正视别人的批评，大人物不能，小人物更不能。

巧妙应对羞辱的话

公然直接羞辱人的言语不论怎样，都有一个共同点：说话的人很冲动，而且被逼得无话可说，你不可以被他的一句辱骂感染而变得像他一样失去理智。应付他的基本对策是保持冷静安详，这样才能够稳操胜券。下面列举几种对待侮辱性语言的方法：

一、"你说话之前应该先想想"

什么人说话之前不先想过呢？对方这样说，并不是真的提醒你去运用思想，而是指责你说了令他不悦的话。

在这种情况下，你可以试着选用下列方法应付：

①你把重点放在时间问题上："唔，那么'以后'该怎样呢？"

②接受他的好意："好，我尽力而为就是。不过，我一向习惯在你说话之前先想。"

③采取幽默的态度，为他抱不平："可是我想了你不想，

对你不是太不公平了吗？"或"我在这儿想，冷落了你，太失礼了。"

④报以微笑，然后默默不语，如果他不耐烦了，想再说什么，你就打断他："嘘……我正在想呀。"

二、"你父母是怎样教养你的？"

谈话之中突然牵扯到你的父母，这是最令人冒火的事，但是你千万别为父母受了指责而生气，对方与你父母无冤无仇，并不真打算侮辱他们，他的目标是惹你发火。

在这种情况下，你可以试着选用下列方法应付：

①装傻充愣。你说："我是爷爷奶奶带大的。"

②侧面躲避。你默默想一会儿，再说："我记不得了，恐怕得麻烦你自己去问他们。"

③正面回击。可以作肯定的答复回敬他："我只记得一点，那就是不可以问这样没礼貌的问题。"

三、"我不要跟你这种人讲话"

这样可恶的人决定不和你讲话，是你该觉得幸运的事，你就该坦白表示出来。

在这种情况下，你可以试着选用下列方法应付：

①"啊，太好了！""真是老天有眼。"

②他这句话是对你讲的，你当然可以说："哦？抱歉，我还以为你是在和我讲话。"

③对付这种无礼言辞的另一个方法就是假装没听见："你

说什么？""你是说……""我没听见，你再说一遍好吗？"不管他是否肯再说，都是他输了。假如他果真糊里糊涂再说一遍，你就以牙还牙："抱歉，你这种人说的话我听不见。"

四、"你自以为是什么人？"

这样的话是要你对自我认识产生疑问——你为什么说出这种话？

在这种情况下，你可以试着选用下列方法应付：

①不要动怒，索性把他的话说清楚："依你的意思，我要是某某人才够资格和你说话，是吗？"

②谦和一点，请教他："我倒没想过这个问题，你常常自以为是什么人吗？"

③用开玩笑的方式："我不大确定，不过我一定算是个人物吧，有不少人给我写信呢。""现在吗？我自以为是受害者。""不管是谁，反正是你没听过的人。"或者干脆指指旁边的人："我自以为是他，你再问问他自以为是谁。"

五、"你少来这一套"

这是不太重的话，即便是当众以不周的语气对你说了，你仍应该礼貌地答复。回答的方式不外乎一般客套："不必客气。""请笑纳。"

如果是你说的一句话惹怒了对方，而使他说出这样的话，你觉得他的怒意莫名其妙，你的话可以说重些："本是你应得的，何必恭维！"

坦然面对别人的攻击

一、以理解的心情面对对方的错怪

不少时候，人和人之间的相互发火，是因为互不了解、有失沟通造成的。这时候得理的一方切不可因对方的错怪而以怒制怒。最好的方式是多加解释，想法沟通或者道歉、劝慰，与对方达成谅解或共识。

一所医院里，病人挤满了候诊室。一个病人排在队伍中，将手上的报纸都看完了也没有挪动一步，于是他怒火万丈，敲着值班室的窗户对值班人员大喊："你们这是什么医院？这么多人排队你们看不见吗？为什么不想办法解决？我下午还有急事呢！"值班员面对病人的怒火，耐心解释说："很抱歉，让你等了这么久。是这样的，医生去开刀了，抢救一个危重病人，一时脱不了身。我再打电话问问，看看他还要多久才能出来。谢谢你的耐心等候。"

患者排大队得不到及时诊治，责任并不在那个值班员身上。但是他理解病人的急切心情，因此，面对病人的错怪，能够沉住气一面解释，一面劝慰。这就比以怒制怒、火上添油的回答好多了。

二、用幽默自嘲摆脱尴尬局面

一位作家刚发表一篇小说，获得了赞誉之声。另一位作家却不以为然，跑去问他："这本书还不赖，是谁替你写的？"他答道："哦，谢谢你的称赞，不过，是谁替你把它读完了？"幽默的回敬，对"揭短"者是一种有效的应付之道。

妻子、朋友、亲戚有时会开玩笑似地揭你的"短"，弄得你有点下不来台。你想默认会觉得窝囊，想还口又觉得口吃。

这时，怎样从困境中摆脱出来？不妨运用幽默的语言、滑稽的表情和笑料冲淡这尴尬的处境，活跃气氛。这也是语言机智应变的技巧之一。

显然，设法改变处境比保持沉默要主动，但有一点应当明确，那些"揭短"的人通常是你的配偶、亲友，你不能采用气愤的话予以还击，而幽默的解嘲是最好的办法。

自嘲运用得好，可以使交谈平添许多风采。如果用不好，会使对方反感，造成交谈障碍。自嘲要审时度势，相机而用，不宜到处乱用。比如，对话答辩、座谈讨论、调查访问等，就不宜使用自嘲。此外，自嘲要避免采取玩世不恭的态度。积极的自嘲，包含着自嘲者强烈的自尊、自爱。自嘲不过是当事者采取的一种貌似消极、实为积极的促使交谈向好的方向转化的手段而已。

在对付"揭短"时，尤其要注意：

①尽量不要认为他人别有用心。如果我们神经过敏，对别人的每一句话都琢磨一番潜台词、话外音，那就会自寻烦恼。因为在许多场合，对方往往是脱口而出或即兴联想的玩笑话，根本没想到会伤害你。

②不可反唇相讥。有人听不得半句"重话"，动辄连珠炮似的反讥，常因此挑起唇枪舌剑，使良好的关系破裂。一般说来，

开玩笑的人若是得到严肃的回报,脸上常挂不住。所以,我们不能为笑话失去一个朋友,甚至给人留下心胸狭窄的印象。

③遇到人"揭短",如果羞怯万状,既不能正常地保持沉默,又不能机智地改变处境,以至失态,那就显得有些"小器"了。而保持泰然自若的风度,暂时把"揭短"抛置一边,寻找别的话题,或点起一支烟,端起一杯茶,转移别人的视线等,才是上策。

三、以幽默调侃

一位巴黎的剧作家邀请小仲马看他的新剧本的演出。大幕拉开了,戏正在演出。小仲马不断回头,嘴里嘟哝着:"一个,两个,三个!"

"您在干什么?"剧作者纳闷地问。

"我在替您数打瞌睡的人。"

过了些日子,小仲马的剧本《茶花女》上演了。上次请小仲马看戏的那位剧作者和小仲马又坐在了一起。演出开始之后,他也不断回头去找,找了半天,居然也找到一个打瞌睡的人。那位朋友欣喜若狂,连忙说:"亲爱的,您的《茶花女》上演,也有人打瞌睡。"

小仲马听了毫不介意,幽默地说:"您不认识这个人吗?他是上次看您的戏时睡着了,至今尚未醒来的人。"

四、找到攻击者的弱点以转移别人的注意力

美国总统罗斯福的新政,曾遭受到许多政治评论家的攻击和批评,其中以亨利·门肯的批评最为严厉。

有一次在华盛顿里迪罗俱乐部的大会上，政治人物云集，当然，新闻记者更是里里外外忙个不停。

轮到罗斯福演讲时，他清了清喉咙，对着亨利·门肯笑了笑，说了开场白："各位女士先生，我的朋友亨利……"

接下来的演讲内容却让全场观众哗然，尤其是新闻记者，彼此面面相觑，十分惊讶。

罗斯福大肆谩骂美国的新闻界，指出新闻界的记者都十分无知、没有常识，并且愚蠢而自大。在场记者觉得罗斯福简直莫名其妙，怎么好好地骂起人来了，但是再听下去就渐渐地会过意来了。

原来罗斯福所讲的内容是亨利·门肯写的一篇文章《美国新闻界》，这时所有的焦点都对准了满脸通红的亨利。

本来要根据亨利抨击的重点提出问题的记者，这时对他的评论内容起了怀疑，因为他对于记者的评论如此的离谱，那么对于罗斯福的政策抨击又能相信吗？

会后，罗斯福被人推着轮椅离开时，还特别到亨利面前微笑致意，表示出政治家的气度。

原本会遭受各界质询的罗斯福，于是很轻松地渡过了这一关。

当遭受到攻击时，想办法找到对方的弱点，来转移别人的注意力，减轻自己的压力是很有效的防身术。

五、巧妙辟谣

无端诽谤和造谣中伤在美国总统的竞选中是常有的事。1800年，约翰·亚当斯在竞选总统时，就有个共和党人煞有介事地指控他曾委派竞选伙伴平尼克将军到英国去挑选四个美女做情妇，两个给平尼克，两个留给总统自己。这种桃色新闻对于一个政坛要人来说其打击往往是致命的，弄不好就会搞得身败名裂。然而亚当斯却没有急于申辩和澄清，他大笑着说道："假如这是真的话，那平尼克将军一定是瞒过了我，全都独吞了！"周围的人听了，无不捧腹而笑。

六、保持平静，不作攻击

当别人确实侵犯到你，你当然有权利生气。如果对方是陌生人，你可以大吼大嚷、漫天叫骂，然后一走了之，祈祷彼此再也不要碰面。但是，如果对方是你的同事、朋友或家人呢？

你仍然应该生气，但别忘了沟通的艺术。得理不饶人的强烈抨击，只会告诉对方："在我眼中，你是个彻头彻尾的无能者、不折不扣的坏蛋。"然而，当你平静而清楚地告诉他：他的某些行为（而非他的人格、本性）激怒了你，为了什么，这将使对方有路可走，可以改过迁善。

当然，改变自己和宽恕别人的确不容易，但值得努力。敌意和怒气给我们的心灵与肉体带来同样沉重的负担，未雨绸缪来避免它不是很好吗？

永远不要把话说绝

大港油田某工厂曾经有一批"请调大军"，对此，新厂长并没有大惊小怪，更没有埋怨指责，面对几百名"请调大军"，他发出肺腑之言:"咱们厂是有很多困难,我也怵头。但领导让我来,我想试一试,希望大家给我半年时间,如果半年后咱厂还是那个奶奶样,我辞职,咱们一块走!"

这些话语没有高调,朴实无华,既是人格的表现,又是模糊语言的恰当运用。厂长没有坚定地表示决心,而是"我也怵头";他没有把话说绝,而是"我想试一试";他没有正面阻止调动,而恰恰相反,"如果半年后,咱厂还是那个奶奶样,我辞职,咱们一块走。"然而,谁也不会相信,这是一个来"试一试就走"的厂长。相反,人们正是从他那入情入理、心底坦荡的语言中感到了力量,看到了希望。这个工厂像是一个得了狂躁症的病人吃了镇静剂那样恢复了平静,一心要干下去的人增加了信心,失去了信心的人振作了精神。模糊语言在这里发挥了神奇的作用。

1949年,国共谈判时,毛泽东分别接见一些国民党政府代表,当刘斐和毛泽东谈起共同关心的问题时,表现出对于和谈的前景尚有怀疑,就试探着问毛泽东:"您会打麻将吗?"

"晓得些,晓得些。"毛泽东回答道。

"您爱打清一色呢,还是喜欢打平和?"

"平和,只要平和就好了。"毛泽东听出了刘斐话中有话,笑着回答道。

在这里,我们听到了一连串的模糊语言,它一语双关,含不尽之意于言外,在这种特殊场合,成了沟通思想而又不致引起矛盾的特殊方法。我们在外交事务中,常常用"在适当的时候访问贵国"来回答国外的邀请,"适当的时候",就是模糊语言,它既显得彬彬有礼、十分中肯,又给我们自己创造了一个宽松的环境。试想若用"不打算去"或"马上就去"或"某月某日去"即非常确定的语言来回答,其效果都不会理想。这就是我们通常所说的"弹性外交"的很好运用。

柔性管理首先要端正思维方式,冲破传统的、习惯了的"非此即彼"的思维约束,寻求两个对立极端的中间状态,使其真正与现实问题相吻合。彻底抛弃"非对即错""非社即资""非黑即白"等长期困扰我们的违反辩证法的极端观念。

一位伟人曾针对这种"绝对分明的和固定不变的界限"指出:"除了'非此即彼',又在适当的地方承认'亦此亦彼'!"

学会对他人进行反击

我们在人际交往中,总难免碰到一些无理的语言。如果出面劝,无异于对牛弹琴;如果进行直接责备,他自然会与你顶撞。

这时,最有效的办法就是反击,但反击也有好坏之分,反击得好可以使对方哑口无言,不好则势必成为一场口争,甚至是破口大骂,大打出手。

因此,真正的反击并不是单纯意义上的口舌之战,而是行其道反其言,使对方巧妙落入自己话语的陷阱,理屈词穷,无言以对。在反击中,以下四点必须注意。

1. 心平气和

遇到无理的言行,首先要做到的就是不要激动,要控制情绪。

这个时候心境平和，对反击对方有重要作用。

首先是表现自己的涵养与气量，以"骤然临之而不惊，无故加之而不怒"的大丈夫气概在气质上镇住对方，如一下子就犯颜动怒，变脸作色，这不是勇敢的行为。古人曰："匹夫见辱，拔剑而起，挺身而斗，此不足为勇也。"对方对此不但不会惧怕，反而会对你的失态感到得意。

其次是能够冷静地考虑对策，只有平静情绪，才能从容选出最佳对策，否则人都被弄糊涂了，就可能做出莽撞之举，更不要说什么最佳对策了。

2. 绵里藏针

对无理行为进行反击，可直言相告，但有时不宜锋芒毕露，露则太刚，刚则易折。有时，旁敲侧击，绵里藏针，反而更见力量，它使对方无辫子可抓，只得自己种的苦果往自己肚里吞，在心中暗暗叫苦，就像苏格兰诗人彭斯那样。有一天，彭斯在泰晤士河畔见到一个富翁被人从河里救起。富翁给了那个冒着生命危险救他的人一块钱作为报酬。围观的路人都为这种无耻行径所激怒，要把富翁再投到河里。彭斯上前阻止道："放了他吧，他自己很了解他生命的价值。"

3. 反击有力

对无理言行进行语言反击，不能说了半天，不得要领，或词软话绵。而要做到打击点要准，一下子击中要害；反击力量要猛，一下子就使对方哑口无言。

有一个常愚弄他人而自得的人，名叫汤姆。这天早晨，他正在门口吃着面包，忽然看见杰克逊大爷骑着毛驴哼哼呀呀地走了过来。于是，他就喊道："喂，吃块面包吧。"

大爷连忙从驴背上跳下来，说："谢谢您的好意。我已经吃过早饭了。"

汤姆一本正经地说："我没问你呀，我问的是毛驴。"说完得意地一笑。

大爷以礼相待，却反遭一顿侮辱。是可忍，孰不可忍？虽然他非常气愤，可是又难以责骂这个无赖。无赖会说："我和毛驴说话，谁叫你插嘴来着？"于是大爷抓住汤姆语言的破绽，进行狠狠的反击。他猛然地转过身子，照准毛驴脸上"啪、啪"就是两巴掌，骂道："出门时我问你城里有没有亲戚，你斩钉截铁地说没有。没有亲戚为什么人家会请你吃面包呢？"

说完对准驴屁股，"叭叭"又是两鞭子："看你以后还敢不敢胡说。"然后翻身上驴，扬长而去。大爷的反击力相当强。既然你以你和驴说话的假设来侮辱我，我就姑且承认你的假设，借教训毛驴，来嘲讽你和毛驴的"亲戚"关系，以此对对方的无礼进行反击。

4. 旁敲侧击

对无理的行为进行反击，是正义的语言与无理的语言的对抗。所以，反击的语言一定要与对方的语气表现出某种关联，正是在这种关联中，才会充分表现出自己的机智与力量。

第九章

沟通，要记得点到即止

批评是我们常用的一种手段，但我们有些人批评起人来简直让他人无地自容，下不了台阶。其实，这种批评方式不但无法达到让他人改正错误的目的，而且有碍于人际关系。在生活和工作中，不可能没有批评，但要学会巧妙地批评，既让他人意识到自己的错误，并尽快改正，同时也理解你批评的善意，内心里对你心存感激。

说话不妨拐点弯

在日常交往中，最忌四面树敌，无端惹是生非。所以，即使陈述利害，为避祸免灾，也应刚柔并济，以退求进，装点糊涂，拐弯说话，免受陷害。要知时势有变化，命运有沉浮，少一点锋芒，便多一份平安。

早在公元961年，赵匡胤在扑灭了扬州李重进的叛乱之后，就以自己曾经担任过殿前都点检这一职务为由，说是出于避嫌或是避讳，解除了慕容延钊的这一职务，从此这一禁军中的最高职务就消失了。但赵匡胤仍不放心，他觉得禁军中的高级将领如石守信、王审琦、高怀德等人虽然曾经拥立过自己，但还谈不上是自己的心腹，况且他们在军中日久，根基益深，自己如果出征在外，实在很难保证他们不生异心。于是，他想出了一条解除他们兵权的计策。

就在这一年的七月，赵匡胤专门设宴，把石守信等人招来一起饮酒，在酒会之上，赵匡胤特意劝大家开怀畅饮，在酒酣耳热之际，赵匡胤忽然屏退左右，装出一副深有感慨而又推心置腹的样子，长叹一声说："我若不是靠你们出力，哪里能当皇帝？但你们不知道，当皇帝也真是太难了，倒不如当个节度使痛快些。我啊，晚上就从来没有睡过安稳觉！"

石守信等人一听，觉得大为不解，连问为什么，赵匡胤说：

第九章 沟通，要记得点到即止

"这还不明白吗？我这个皇帝的位子谁不想坐呢？"

石守信等人听了，知道赵匡胤话中有话，明摆着是怀疑将领们有谋权篡位之心了，慌忙跪下，边叩头边问道："陛下怎么这么说呢？现在天命已定，谁还敢有异心呢？"

赵匡胤一脸的真诚与无奈，慢悠悠地说："是啊，你们是没有异心，但你们怎么知道你们手下的人不贪图富贵呢？一旦有人把黄袍加在你们的身上，你们就是不想当皇帝，也是推脱不掉啊！"

石守信等人一听，真是吓得汗流浃背，慌忙跪下，顿首哭道："我们这些人愚昧得很，没有想到这个问题，请求陛下开恩，给我们指示一条生路。"

赵匡胤见火候已到，就缓和了一下紧张的气氛，劝他们说："人生好比白驹过隙，飞逝而过，所好者也无非就是富贵，不过想多积钱财，厚自娱乐，遗福子孙。你们何不释去兵权，出外当个地方官，再多买些良田美宅，多置些歌儿舞女，日夜宴饮，以终天年。我再与你们结成儿女亲家，这样一来，臣君相安，两无猜忌，该是多好的事啊！"

赵匡胤的这一番话，说得石守信等人真是茅塞顿开，拨云见日。话说得如此明白，哪还有回旋的余地，而赵匡胤当时在禁军中的地位还不可动摇，他们只好在第二天上表称病，乞求解除兵权。赵匡胤一见大喜，当即批准了他们的请求。

这就是历史上著名的"杯酒释兵权"。一滴血没流，一句口角没发生，酒酣之间，赵匡胤假意诉苦了一番，兵权就这样得手了。赵匡胤真是会玩大糊涂。

批评时要照顾对方的感受

保全他人的面子！这是一个何等重要的问题，而我们却很少会考虑到这个问题！

俗话说："人活脸，树活皮。"此话道出了人性的一大特点：爱面子。可是我们不能只爱自己的面子，而不给他人面子。每个人都有一道最后的心理防线，一旦我们不给他人退路不让他走下台阶，他只好使出最后一招——自卫。因此，当我们遇事待人时，应谨记一条原则：别让人下不了台阶。

一句或两句得体的话，对他人态度做宽容的了解，这些都可以减少对别人的伤害，保住他的面子。

多年以前，通用电器公司面临一项需要慎重处理的工作：免除查尔斯·史坦恩梅兹担任某一部门的主管。史坦恩梅兹在电器方面是第一等的天才，但担任计算部门主管却是彻底的失败，可公司却不敢冒犯他。

公司绝对解雇不了他，而他又十分敏感。于是他们给了他一个新头衔。他们让他担任"通用电器公司顾问工程师"——工作还是和以前一样，只是换了一项新头衔——并让其他人担任部门主管。

史坦恩梅兹十分高兴，通用公司的高级人员也很高兴，他们已温和地调动了他们这位最暴躁的大明星职员，而且他们这样并没有引起一场大风暴——因为他们让他保住了他的面子。

让他人保全面子！这是多么重要呀，而我们却很少有人想到这一点！我们残酷地抹杀了他人的感情，又自以为是，我们在其他人面前批评一位小孩或员工，找差错，发出威胁，不去考虑是否伤害到别人的自尊。然而，一两分钟的思考，一句或两句体谅的话，对他人的态度做宽容的了解，都可以减少对别人的伤害。

下一次，当我们必须解雇员工或惩戒他人的时候，不要忘了这点。

一位审定合格的会计师马歇·葛花杰说："解聘别人并不有趣，被人解雇更是没趣。我们的业务具有季节性，所以，当所得税申报热潮过了之后，我们得让许多人走路。我们这一行有句笑话：没有人喜欢挥动斧头。因此，大家变得麻木不仁，只希望事情赶快过去就好。通常，例行谈话是这样的：'请坐，史密斯先生。旺季已经过去了，我们已没什么工作可以给你做。当然，你也清楚我们只是在旺季的时候雇用你，因此……'"

"这种谈话会让当事人失望，而且有种损及尊严的感觉。所以，除非不得已，我绝不轻言解雇他人，而且会婉转地告诉他：'史密斯先生，你的工作做得很好（如果他是做得很好）。上次我们要你去纽瓦克，那工作很麻烦，而你处理地很好，一点也没有出差错，我们要你知道，公司十分以你为荣，也相信你的能力，愿意永远支持你，希望你别忘了这些。'结果如何？被遣散的人觉得好过多了，至少不觉得'损及尊严'。他们知道，

成大事者善沟通

假如我们有工作的话，还是会继续留他们做的。或是等我们又需要他们的时候，他们还是很乐意再回来。"

宾州的佛雷德·克拉克谈到了发生在他们公司的一段插曲：

"有一次开生产会议的时候，副总裁提出了一个尖锐的问题，是有关生产过程的管理问题。由于他气势汹汹，矛头指向生产部总督，一副准备挑错的样子。为了不在同事中出丑，生产部总督对问题避而不答。这使副总裁更为恼火，直骂生产部总督是个骗子。

"再好的工作关系，都会因这样的火爆场面而毁坏。凭良心说，那位总督是个很好的雇员。但从那天开始，他再也不能留在公司里了。几个月后，他转到了另一家公司，据说表现很不错。"

安娜·玛桑也谈到相同的情形，但因处理方法不同，结果也不一样。玛桑小姐在一家食品包装公司当市场调查员，她刚接下第一份差事——为一项新产品做市场调查。她说道："当结果出来的时候，我几乎崩溃，由于计划工作的一系列错误，整个结果当然完全错误，必须从头而来。更糟的是，报告会议即将开始，我已经没有时间同老板商量这件事了。

"当他们要求我做报告的时候，我吓得发抖。我尽量使自己不致哭出来，免得又惹得大家嘲笑，因为太过于情绪化了。我简短地说明了一下情形，并表示要重新改正过来，以便在下次会议时提出。坐下后，我等待老板大发雷霆。

"出乎意料的是，他先感谢我工作勤奋，并表示新计划难免都会有错。他相信新的调查一定正确无误，会对公司有很大助益。他在众人面前肯定我,相信我已尽了力,并说我缺少的是经验,而非能力。

"我挺直胸膛离开会场。并下定决心不再有第二次这种情形发生。"

假如我们是对的,别人绝对是错的,我们也会因为让别人丢脸而毁了他的自我。传奇性的法国飞行先锋和作家安托安娜·德·圣苏荷依写过:"我没有权利去做或说任何事以贬抑一个人的自尊。重要的并不是我觉得他怎么样,而是他觉得他自己如何,伤害他人的自尊是一种罪行。"

间接地指出别人的过失

我们在说服别人时,常常会犯这样一个错误,就是当发现对方有明显的错误时,会不客气地批评对方说:"那是错的,任何人都会认为那是错的!"这样一来,对方的自尊心会受到伤害,而突然陷入沉默,或挑剔你的言辞来拒绝你的说服。

因此,为了不触犯对方的自尊心,即使发现了对方的错误,也不要立刻指出,而应采取间接的方式,继续进行说服。据说美国政治家富兰克林年轻时非常喜爱辩论,尤其是对于别人的错误更是不能容忍,总是穷追到底。因此,他的看法常常不能被人接受。当他发现了自己的缺点之后,便改以疑问的形式表达自己的意见,后来他的成就是众所周知的。

由此可知,不要用"我认为绝对是这样的!"这类口气威压对方。用"不知道是不是这样？"这种委婉的态度与对方交谈效果会更好。

批评是我们常用的一种手段，但我们有些人批评起来简直让他人无地自容，下不了台阶。其实，这种批评方式不但无法达到让他人改正错误的目的，而且有碍于你的人际关系。既然如此，为何还要使用这种"残酷"的手段呢？在生活和工作中，我们不可能没有批评，但要学会巧妙地批评，让他人既意识到自己的错误，并尽快改正，同时也理解你善意批评的意图，使他内心对你心存感激。或者批评之前先总结一下他人的优点，然后慢慢引入缺点。在他人尝到苦味之前，先让他吃点甜味，再尝这种苦味时就会好受些。

约翰找了一个就是奉承也无法说漂亮的女士为妻，可是几个月之后，他妻子却变得像"窈窕淑女"一般的美丽，简直是判若两人。这位女士在结婚之前，不知为什么对自己的容貌有强烈的自卑感，因此很少打扮。当时因为是大战刚结束，物质极端贫乏，人们的穿着都很普通。当然，她也太不讲究了。不，不是不讲究，而是认识出现了偏差，认定自己不适合打扮。她有一个非常漂亮的姐姐，这也使她产生了强烈的自卑感。每当有人建议她"你的发型应该……"时，她都怒气冲冲地说："不用你管，反正我怎么打扮也不如姐姐漂亮。"可以认为她要把自己的容貌未得到赞美的不满情绪转嫁到因为不打扮这一理由上，并且加以合理化。到底约翰是怎样说服他的太太，使她发生了变化的呢？根据他自己说，当他的太太穿不适合她的衣服时，他什么也不说，但是，当她穿上适合她的衣服时，便夸奖说"真漂亮！"，发型、饰物也是如此。慢慢地，她对打扮有了信心，对于容貌所产生的自卑感自然也消除得无影无踪了。

以上这两个例子的共同点，是不直接说出对方的错误，而是通过间接的方式让对方自己去发现并改正自己的错误；在禁止对方不要做某件事时，不使用直接禁止的语言，而是劝说对方做与之完全相反的事情。此外还有一个共同点，那就是两者的说服对象都采取了不愿听从他人的忠告，或看到上司后，还依然坚持违反规章的反抗态度。两位聪明的说服者都知道，要矫正因不满情绪而产生的反抗态度，如果直接禁止对方只会招致反感，而采取不禁止，只是劝说对方做与之相反的事情的方法，却能收到良好的效果。

批评时不可先入为主

常听有人在争执时说：这都是你个人的成见！所谓成见，就是定型的看法，就是先入为主的执着，即使是错误的，也不肯更改。一件事情，往好处去看，倒也罢了；往坏处想，把好的事情用成见定为坏事，把好人用成见定为坏人，则是不应该的。

成见好像茶杯里有了毒素、杂质，即使倒入再清净的水，也不能饮用；成见好像田地里的荆棘、杂草，即使播撒再好的种子，也不容易成长。有成见的人，自己不肯承认，不肯更改，更不肯放弃成见。

成见，本来是一种意见，并非不好，但一旦成为"断见""常见"，甚至成为"邪见"，那就非常不应该了。一件好事，本来有益于国计民生，但由于持有成见而持反对意见，就"成事不足，败事有余"；一个好人，本来可以委以重任，前途大好，然而因为对他有成见而反对，致使人才不得重用，殊为可惜。

有些人喜欢戴着有色眼镜看人看事，因此看不到真相，看不清事实。有成见的人，自以为是，自以为了不起，其实他是幼稚、愚痴、无知的。有先入为主的看法，哪怕是错误的，只要能改，也不可怕；如果一再固执成见，成为执着之病，那么有见解倒不如无见解。放弃成见，凡事用客观的态度看待，不必预设立场。"是"，就还给它一个"是"的本来面目；"非"，就还给它一个"非"的真相。惟有消除成见，去除执着，才能认清实相，拥有真心。

批评时，没完没了是大忌

在我们的沟通中，往往会发现别人身上的缺点和过错，所谓"当局者迷，旁观者清"。自己的反思再深刻，也可能不如"旁观者"看得透彻。所以，当我们发现别人的过失时，应该及时予以指正和批评，这是很有必要的。

批评他人也是一种艺术，其出发点在于如何让对方虚心接受批评，让对方更加正确地行事，同时也使自己的人际关系更加和谐。

心理学研究表明，一种批评如果反复进行，就会失去作用。

有的人在批评他人时，总以为自己占了理，批评个没完没了。其实这是低级的批评方法。有经验的人在批评他人时，总是适可而止。批评别人时，每次可只提及一两点，切勿"万箭齐发"，让人难以招架，否则大多会使对方难堪。批评的话不宜反反复复，一经点明，对方已经听明白并表示考虑或有诚意接受，就不必再说下去了。如果只图"嘴巴快活"，说个没完，就可能得到相反的效果。

批评他人时，切忌用讽刺、挖苦的言辞，比如"就你了不起""你不就是……"等，因为这是一种轻视他人的态度，也是缺乏修养、没有沟通风度的表现。有经验的沟通者，在批评他人时，会采用各种技巧提出事实、讲道理，循循善诱。但不会用讽刺挖苦的言辞和粗话等有辱对方人格的方式。

幽默的批评最有效

幽默式批评就是在批评过程中，使用含有哲理的故事、双关语、形象的比喻等，缓解受批评者的紧张情绪，启发受批评者思考，增进相互间的感情交流，使批评能有一个轻松愉快的气氛。幽默式批评在于启发、调动被批评对象积极思考。它以幽默的方式点到批评对象的要害之处，含而不露，令人回味无穷。但是，使用幽默式批评不要牵强附会，生拉硬扯，否则，将适得其反，给人一种画蛇添足之感。

这里举一个例子来说明何谓幽默式批评。课堂上很乱，有的学生在说笑,有的学生在睡觉,有的学生在眼观窗外。上课的老师突然停止讲课,语重心长地对大家说:"如果坐在中间谈笑的那几个同学能像那位观看窗外景色的同学那样安静的话,也就会让前面睡觉的那两位女同学睡得更香甜了。"此言一出引起哄堂大笑,那几位被点到的同学的笑容里则带有羞愧之色。

幽默能使人感到亲切,使气氛变得轻松,即便是批评,也没有那么难以接受。

幽默不是天生的,是可以培养的。再呆板的人,只要努力都可以逐渐变得幽默起来。美国前总统里根以前也不是幽默的人,在竞选总统时,别人给他提出了意见。于是他采用了最笨的办法使自己幽默起来:每天背诵一篇幽默故事。

但是要注意,幽默的批评不是讽刺,讽刺别人会使人厌恶,甚至产生对抗心理。

第十章

沟通，让幽默给你的谈吐加分

语言幽默的人在社交中往往大受欢迎。最能聚集人脉的人常常就是颇具幽默感的人。幽默可以用来处理那些常规思维方式难以应付的问题；可以巧妙地化解矛盾；可以表达自己的不满又不至于伤了和气；可以表现委婉含蓄又入木三分的讽刺；可以用来帮助自己解脱窘迫，等等。

幽默感非常重要

美国心理学家保尔·麦基认为,幽默感对于人的社交能力的发展起着举足轻重的作用。

1979年1月,邓小平访问美国。当时的美国总统卡特和夫人在华盛顿举行盛大国宴。欢迎邓小平和夫人。与卡特夫妇和邓小平夫妇同桌坐的,有哈佛大学的中国问题专家费正清。费正清问邓小平:"贵庚?"邓小平回答:"72岁。"费正清说:"我今年74岁。"邓小平说:"但你仍满头乌发,而我早已秃头了。""这证明你脑筋用得太多了。"两人机智地对答,幽默风趣,其乐融融。

幽默是一个人的学识、才华、智慧、灵感在语言表达中的闪现,是一种"能抓住可笑或诙谐想象的能力",是对社会上的种种不协调、不合理的荒谬现象、偏颇、弊端、矛盾实质的揭示和对某些反常规言行的描述。幽默语言可以使我们内心的紧张和重压释放出来,化作轻松的一笑。在沟通中,幽默语言如同润滑剂,可有效地降低人与人之间的"摩擦系数",化解冲突和矛盾,并能使我们从容地摆脱沟通中可能遇到的困境。

在社交中,谈吐幽默的人往往取胜,没有幽默感的人往往会失败。在交际场合,幽默的语言极易迅速打开交际局面,使气氛轻松、活跃、融洽。在出现意见有分歧的难堪场面时,幽默、诙谐便可成为紧张情境中的缓冲剂,使朋友、同事摆脱窘境或消除敌意。此外,幽默、诙谐的语言还可以用来含蓄地拒绝对方的要求,或进行一种善意的批评。

幽默离不开智慧

幽默是智慧的产物,能反映情绪智力的高低,能促进身心健康。

蕴藏着人生哲理、妙趣横生、妙语连珠的幽默,使人思想乐观、心情愉快、意志坚定、消除疲劳、注意力与记忆力集中。

有一天,著名诗人海涅正在伏案创作。突然,有人敲门,原来是仆人送来一件邮包,寄件人是海涅的朋友梅厄先生。海涅因紧张地写作而感到有些疲倦,又因被人打断写作思路而很不高兴。他不耐烦地打开邮包,里面包着层层纸张。他撕了一层又一层,终于拿出一张小小的纸条。小纸条上写着短短的几句话:"亲爱的海涅,我健康而又快活!衷心地致以问候。你的梅厄。"尽管海涅感到不耐烦,但是这个玩笑却逗得他十分快乐,疲倦感即刻消失。他调整情绪后,决定对他的朋友也开一个玩笑。

几天后,梅厄先生收到了海涅的一个邮包。那邮包重得很,他无法把它拿回家。他雇了一个脚夫帮他扛回家去。到家后,梅厄打开了这令人纳闷的邮包。他惊奇地发现里面是一块大石头。石头上有一张便条,上面写着:"亲爱的梅厄!看了你的信,知道你又健康又快活,我心上的这块石头落地。我把它寄给你,以永远纪念我对你的爱。"

幽默还可以缓解沟通中的紧张气氛，避免许多不必要的冲突。

诗人歌德有一次在公园散步，在一条小道上不巧碰见曾经攻击过他的政客。对方满怀敌意地说："对于一个傻子，我是从来不让路的。"歌德立即回答："而我则相反。"说完便马上让到路边去了。这件事虽然反映了政客的傲慢无礼和歌德的豁达大度，但更重要的是歌德幽默的回答，虽然只有五个字，却反映出了他反应的机敏和回敬的巧妙，还给狭路相逢的一对冤家免去了一场僵持不下的冲突，充分显示了歌德的宽宏大量和优雅风度。

莎士比亚说："幽默是智慧的闪现。"与幽默相联系的是智慧。在沟通中，要善于使用幽默的技巧，就需要具有一定的智慧，对于一个才疏学浅、举止轻浮、孤陋寡闻的人来说，是很难生出幽默感来的。具体来说，产生幽默的条件至少应包括以下几个方面：广博的知识和深刻的社会经验；敏锐的洞察力和想象力；高尚优雅的风度和镇定自信、乐观轻松的情绪；良好的文化素养和语言表达能力。

要使自己的思维超乎常理，其智慧就在于临机应变。这一方面有赖于思维的敏捷度，而掌握恰当的幽默方式也必不可少。

此外，一个人谈吐幽默，是同他的聪明才智紧密相连的。这就要求我们有良好的文化素养、丰富的文化知识。如果一个人对古今中外、天南地北、风土人情等各方面都有所了解，再加上有较强的驾驭语言的能力，那么说话就容易生动、活泼和有趣。遍观古今中外著名的幽默大师，往往又都是语言大师。幽默并不是矫揉造作，而是自然地流露。有人深有感触地说："我本来无心讲笑话,笑语自然就从口里出来了。"其中的道理正说明了这一点。

幽默是拥有智慧的人类所特有的一种情感表达。不信你看人之外的生物,有哪一个是懂得笑的。那么幽默又是源自哪里呢?幽默引人发笑,似乎是快乐的表示,然而我宁愿相信:幽默更多地源于痛苦——虽然痛苦这个词从年轻人口里说出来有一些矫情。

王小波讲过一个故事,说一个基督徒被野蛮人抓住烤来吃,这个基督徒看到自己的下半身给烤得滋滋冒油,急忙说:"喂,下边已经烤好了,该烤烤上面了。"王小波一生都在强调有趣。王朔还说过另外一个故事,讲的是相声大师侯宝林在"文革"中遭批斗,红卫兵喝令他跪下,侯宝林说:"跪下太封建了,干脆我趴下得了。"这就是对幽默最好的注解了,人的力量有大有小,如果你暂时无力改变你的遭遇,何不先试着改变一下对待遭遇的态度呢?人虽然不能永远快乐,但是可以永远乐观。这不是逃避现实的阿Q精神,而恰恰是对强权的蔑视,对不公正命运的反抗。那些真正有幽默感的人,无一不是生活的强者。

幽默所要注意的原则

1. 幽默要表达真诚

友善的幽默能表达人与人之间的真诚友爱,能沟通心灵,拉近人与人之间的距离,填平人与人之间的鸿沟,是希望和他人建立良好关系的不可缺少的东西。特别当一个人要表达内心的不满时，如果能使用幽默的语言，别人听起来会顺耳一些。当一个人需要把别人的态度从否定改变到肯定时，幽默具有很强的说服力。当一个人和他人关系紧张时，即使在一触即发的关键时刻，幽默也可以使彼此从容地摆脱不愉快的窘境或消除矛盾。

有一天，英国著名的文学家萧伯纳在街上行走，被一个骑自行车的冒失鬼撞倒在地，幸好没有受伤，只虚惊一场。骑车的人急忙扶起他，连连道歉，可是萧伯纳却惋惜地说："你的运气不佳，先生，你如果把我撞死了，你就可以名扬四海了！"萧伯纳的这一句妙语，把他和肇事者双方从不愉快的、紧张的窘境中解放出来，使这场事故得到友好的处理。萧伯纳的幽默不仅给对方留下了难忘的印象，又给人以友爱和宽容。

又有一次，萧伯纳的脊椎骨有病，去医院检查。医生对萧伯纳说："有一个办法，从你身上其他部位取下一块骨头来代替那块坏了的脊椎骨。"又说："这手术很困难，我们从来没有做过。"很明显，医生的意思是这次手术所要收取的费用不同一般。如果萧伯纳与医生争论，或表示不满、失望，将会和医生处于对立的局面。而对立的结果，会给双方带来难堪，也会影响双方合作和治疗效果。但是，萧伯纳听了医生的介绍后，淡淡地一笑说："好呀！不过请告诉我，你们打算付给我多少手术试验费？"一个很棘手的问题，被萧伯纳处理得极其巧妙，避免了不愉快的争执。

2. 幽默要注意场合

幽默被誉为现代人为人处世的重要法宝之一，也是用来衡量一个人的口才乃至智慧的标准。很多人都在想方设法使自己成为一个幽默的人、一个有情趣的人。但是，幽默要注意场合、对象，把握一定的尺度，切不可生搬硬套。最不可取的是无话不幽默，且不分场合，不分对象，弄得大家烦不胜烦，成为茶余饭后的笑料。滥用幽默可能会冲淡你真正的工作成绩，得不偿失。正确的态度是把幽默看作味精——少则有味，多则恶心。

不分场合的幽默，结果只能适得其反。比如，老板开会，正在台上向职员们发表讲话，你却在这个时候突然冒出一两句逗人的话。虽然大家被你的幽默逗乐了，然而老板会认为你是一个不守纪律、缺乏礼貌和修养的人，会在心中留下对你的不良印象。又如，老板和职员欢聚在一起，说些幽默的话逗乐，而你却把这种幽默引向歧途，说了不雅的话，老板当然会认为你是一个不知高低的冒失鬼。

使用幽默一方面要看准对象，看准场合。另一方面还要抓住时机。另外，发挥幽默也需要"素材"，就是特定的场合、情境等，这些就像机遇一样，可遇而不可求，关键在于能否随机应变。如果为幽默而幽默，就会显得生硬、不合时宜、不伦不类，不但不能成为沟通中的"润滑剂"，反而还可能增加沟通的"摩擦系数"。

自嘲的妙处

如果你嘲笑的是自己，试问有谁会大力反对？美国社会学家麦克·斯威尔说："在别人嘲笑你之前，先嘲笑你自己。"

你不妨把"自己"当作嘲笑的对象,不但可以消除紧张、焦虑的情绪,更可以提升自我的修养。提到林肯,他在"幽默、自嘲"的技巧方面,恐怕算是旷古第一人。他常常取笑自己,尤其是他的外貌。有一次,他在森林里悠闲地漫步,遇到了一名正在砍柴的妇人。林肯首先打开话匣子:"有时候,我觉得自己好像是一个丑陋的人。""你是我所见过的最丑陋的一个,但是,至少你可以做到待在家里不出门啊!"老妇说。"我没有两张脸,如果有的话,我绝对不会用现在这一张!"一个人要承认自己的"缺点"实在不是一件容易的事。要知道,人总是有不完美的地方,坦白承认自己的缺点,就能把"缺点"化为个人独有的特点!

英国作家杰斯塔东是个大胖子,由于"体积"过大,行动往往不太方便。但他也像罗慕洛不以矮为耻,"愿生生世世为矮人"一样,不以胖为耻。有一次,他对朋友说:"我是个比别人亲切三倍的男人。每当我在公共汽车上让座时,便足以让三位女士坐下。"这轻松愉快的自嘲表现了杰斯塔东高度的自信。

当处于非常窘迫的境地中时,机智地进行自我褒贬而产生的幽默,是摆脱窘境的好方法,也是展示人格魅力的法宝。同时也能给对方一种轻松感,使沟通气氛变得更加和谐,更有利于沟通活动的顺利进行。著名国画大师张大千一次在宴席上向京剧表演艺术家梅兰芳敬酒时说:"梅先生,你是君子——动口,我是小人——动手。"在这里,张大千根据自己的工作特点,自嘲地将自己喻为"小人",顿时活跃了宴会气氛。

掌握幽默的技巧

有人天生就是幽默的，他永远懂得怎么让事情的发展变得更有趣，但也有一些人是后天习得的幽默态度，我们就具体讨论一下有关幽默的一些方法和技巧。

对比是产生幽默的基本手法。对比是指把两种（或两种以上）互不相干（甚至是完全相反）的，彼此之间没有历史的或约定俗成的联系的事物放在一起对照比较，以揭示其差异，即不谐调因素。在幽默中，对比双方的差异越明显，对比的时机和媒介选择越恰当，对比所造成的不谐调程度就越强烈，观赏者对对比双方差异性的领会就越深刻，此时对比所造成的幽默意境也就越耐人寻味。

移植是幽默的主要技巧手段之一，即把在某种场合中显得十分自然、和谐的情节或语言移至另一种迥然不同的场合中去。使之与新环境构成超出人们正常设想和合理预想的种种矛盾，从而产生幽默的效果。移植包括情节移植和语言移植。情节移植以违背人们的正常思维逻辑为前提。

颠倒是构成幽默的矛盾冲突的主要技巧手段之一，即在一定的条件下改换人物本末、先后、大小、尊卑等关系，从而创造出具有浓郁幽默情趣的喜剧性场面。有时，词序的改换也能产生同样的幽默效果。人物关系的颠倒可以表现为父子、夫妻、

成大事者善沟通

长幼、男女、主仆等内容的错位,形成与人们沿袭的传统观念相悖的新关系,具有极大的荒谬性和戏剧性,以致出现了风趣幽默的情节和结局。

谐音双关是幽默语言交叉技巧中常用的一种修辞格式,即利用词语的同音或近音条件构成双重意义,使字面含义和实际含义产生不谐调交叉。谐音双关以语音为纽带,将两个毫不相干的词义联系在一起,使观赏者通过联想领悟艺术家的幽默感。

紧贴生活的幽默最有效

幽默可以使愁眉苦脸者笑逐颜开,也可以使泪水盈眶者破涕为笑;可以为懒惰者带来活力,也可以为勤奋者驱散疲惫;可以为孤僻者增添情趣,也可以使欢乐者更愉悦。

生活中没有一个人不喜欢风趣幽默的语言。在中国的传统文艺晚会上,相声小品之所以一直成为最受欢迎的节目之一。就在于它的表现形式离不开幽默,那幽默的语言强烈地感染着观众的心,幽默的话能抓住听者的心,使对方平心静气,也可以使一些深刻的思想表达得更加生动和形象。

汉武帝晚年很希望自己能长生不老。一天他与一个侍臣闲聊:"相书上说,一个人鼻子下面的'人中'越长,寿命就越长;'人中'长一寸,能活一百岁。不知是真是假?"

东方朔听了这话,知道皇上又在做长生不老之梦,脸上露出一丝讥讽的笑意。皇上见东方朔似有讥讽之意,呵道:"你居然敢笑话我？"

东方朔毕恭毕敬地回答："我怎么敢笑话皇上呢？我是在笑彭祖的脸太难看了。"

汉武帝问："你为什么笑彭祖呢？"

东方朔说："据说彭祖活了八百岁，如果真像皇上所说，'人中'长一寸就活一百岁，彭祖的'人中'就该有八寸长了，那么，他的脸岂不是太难看了吗？"

汉武帝听了，不禁哈哈大笑起来。

在这个故事里，东方朔以幽默的语言，用笑彭祖的办法来劝说皇帝。整个批驳机智含蓄，风趣诙谐，令怒不可遏的皇帝转怒为喜，并且愉快地认输。

由此，我们可以看出幽默具有一种特性，一种引发喜悦、以愉快的方式娱人的特性；幽默感是一种能力，一种了解并表达幽默的能力；幽默是一种艺术，一种运用幽默和幽默感来增进你与他人的关系，并可对自己作真诚的评价的一种艺术。

有一次，美国329家大公司的行政主管人员，参加了一项幽默意见调查。结果表明：97%的企业主管相信，幽默在企业界具有相当的价值；60%的企业主管相信，幽默感决定着人的事业成功的程度。由此可见，幽默对于现代人的重要。

现代人需要幽默语言，如同鱼之于水，树木之于阳光，生活之于盐一样。具有幽默感和幽默力量，是现代人应具备的素质之一。

获取幽默语言的途径很多。首先，用"趣味思维方式"捕捉生活中的喜剧因素。"趣味思维"是一种"错位思维"，不按照普通人的思路想，而是"岔"到有趣的一面去。其次，要在瞬息构思上下工夫，掌握必要技巧。幽默风趣是一种"快语艺术"，它突破惯性思维，遵循反常原则，想得快，说得快，触景即发，涉事成趣，出人意料之外，又在情理之中。

如有位将军问一位战士："马克思是哪国人？"战士想了一会儿说："法国人。"将军说："哦，马克思搬家了。"对于这常识性问题都答不出，将军当然不快，但这一"岔"，构成了幽默，其实也包含了对战士的批评教育。

再次，要注意灵活运用修辞手法。极度的夸张、反常的妙喻、顺拈的借代、含蓄的反语，以及对比、拟人、移就、拈连、对偶等都能构成幽默。

最后要注意搜集素材。我们的生活丰富多彩，提供了许多有趣的素材，这些素材无意识地进入我们记忆仓库的也很多，我们如果做个"有心人"，就会使自己的语言材料丰富起来。

幽默，轻松化解棘手问题

人人都知道幽默的好处，但是幽默不只是让你的人生变得轻松，更重要的是，它可以改变你看世界的观点！

盖瑞是一个非常幽默的警官，不管遇到什么重大案件，他总能一笑置之，使问题迎刃而解。

就拿某天下午来说吧！有三位女士为了一点小事发生了争执，三个人大吵大闹地来到警察局，你一言，我一语，几乎把

第十章 沟通，让幽默给你的谈吐加分

警察局的屋顶掀了开来，女人的话匣子一打开，连局长都没有插嘴的份。这时，盖瑞淡淡地说了一句话："请你们当中年纪最大的那一位先说吧！"话才刚说完，房间里顿时鸦雀无声。

盖瑞的聪明才智不仅如此，他还曾经运用幽默顺利抢救了一名企图跳楼的男子。当时情况十分紧急，男子站在五十二层楼高的窗台，随时都有可能往下一跳。楼下挤满了围观的人潮，警察、医生和记者全数到齐。依照往例，那名想要自杀的男人总是色厉内荏地喊叫着："别过来！谁要再走近一步，我就跳下去！"

只有盖瑞带了一名医生走上前去，他只说了一句话，那男子便默默地走下楼去。盖瑞说："我不是来劝你的，是这位医生要我来问问你。你死后愿不愿意把尸体捐给医院？"

盖瑞的幽默感使他往往能够在极细微的事情中搜寻到破案的关键。在一次执勤的时候，盖瑞竟然轻而易举地抓住了一个男扮女装的通缉犯，警长问他："罪犯伪装得这么完美，你怎么会发现他是男儿身呢？"

"因为，他没有女人的习惯。"盖瑞笑着回答说："我看她经过服装店、食品店和美容院的时候，连看都没有看一眼，我就知道，这个人绝对不是正常的女人。"

又有一次，盖瑞无意中看到两个年轻的神父骑着一辆自行车在一条小路上飞驰，身为神职人员怎么可以不遵守交通规则呢？盖瑞急忙下车将他们拦住，问道："你们不觉得这样骑车是很危险的吗？"

神父们理直气壮地说："没关系，天主与我们同在。"

-161-

成大事者善沟通

盖瑞听了，笑着说："这样的话，我不应该开你们超速的罚单，而应该罚你们八十块美金，因为法律规定，三个人是不能同骑一辆自行车的。"

幽默使人冷静，冷静使人充满机智。一个星期六下午，几个左派份子正在闹区的十字路口表演说："现今的政治烂透了，我们应该放把火，把众议院和参议院统统烧了！"

激烈的言论尚且不构成任何妨碍，但是却引来越来越多的行人，把路口堵得水泄不通，严重影响了交通。

当警察赶到时，市内的交通已经瘫痪得无从下手，只见盖瑞大叫一声："现在开始，同意烧参议院的站到左边，同意烧众议院的站到右边。"

"哗"的一声，人群顿时分成左右两边，中间的道路豁然开朗。

有个弄臣犯了错，皇帝把他推下御花园的水池，再幸灾乐祸的把他拉上来问："怎么样？你在水里有没有见到屈原哪？如果没见到，就再把你推下去！"

"臣见到屈原了！"弄臣一本正经地回答。

皇帝笑了起来，继续问："屈原跟你说了些什么吗？"

"是说了些什么，"弄臣恭敬地说："屈大人说他没遇上好主子，所以才投了水，我有这么英明的主子，为什么也要投水？"

又是马屁又是求饶，皇帝乐歪了，马上饶了这名弄臣。

越是棘手的事情，越是需要幽默。幽默不只是娱乐自己，同时也是娱乐别人，只要人们都可以笑得出来，还会有什么解决不了的大事呢?

幽默是一种魅力,也是一种人格力量。幽默所包含的特性是逗人快乐,所包含的能力是感受和表现有趣的人和事,制造愉悦的气氛。对于个人而言,懂得幽默的人往往比不懂幽默的人更具有吸引力和凝聚力。

在人际交往中,幽默是心灵与心灵之间快乐的天使,拥有幽默就拥有爱和友谊,凡具有幽默感的人,所到之处,皆是一片欢乐和融洽的气氛。在无法避免的冲突中,幽默感不强的人就面临考验,是拍案而起,横眉怒目,还是悲天悯人,大智若愚?幽默家的高明在于即使到了针锋相对之时,也不像通常人那样让心灵被怒火烧得扭曲起来,而是仍然保持相当的平静。在对方已感到别无选择时,幽默家仍然有多种多样的选择。

一个秃头者,当别人称他"理发不用花钱,洗头不用汤"时,他当场变了脸,使一个原本比较轻松的环境变得紧张起来。一位演讲的教授,也是一个秃头,他在自我介绍时说:"一位朋友称我聪明透顶,我含笑地回答:'你小看我了,我早就聪明绝顶了。'"然后他指了指自己的头说,"我今天演讲的题目是外表美是心灵美的反映。"教授就这样开始了自己的演讲,整个会场充满了活跃的气氛。同样是秃头,同样容易受到别人的揶揄和嘲谑,为什么不同的人得到的却是别人不同的认可,其间的缘故就是没有幽默感。

幽默家兼钢琴家波奇,有一次在美国密歇根州的福林特城演奏,发现听众不到大半,他当然很失望也很难堪,但是他走向舞台时却说:"福林特这个城市一定很有钱,我看到你们每

成大事者善沟通

个人都买了两三个座位的票。"于是整个大厅里充满了欢笑,波奇也以寥寥数语化解了尴尬的场面。

由此可见,幽默不仅反映出一个人随和的个性,还显示了一个人的聪明、智慧以及随机应变的能力。但需要注意的是,幽默既不是毫无意义的插科打诨,也不是没有分寸的卖关子,耍嘴皮。幽默要在入情入理之中,引人发笑,给人启迪,这需要一定的素质和修养。

生活中应用幽默,可缓解矛盾,调节情绪,促使心理处于相对平衡状态。著名的喜剧大师卓别林曾说:"通过幽默。我们在貌似正常的现象中看不出不正常的现象,在貌似重要的事物中看不出不重要的事物。"

可见,一个社会不能没有幽默。有人形象地说:"有幽默感的语言是一篇诗文,有幽默感的人是一座雕像,有幽默感的家庭是一间旅店,而有幽默感的社会是不可想象的。"人们给保加利亚的卡尔洛沃城冠以"笑城"的美称,卡城被称为是讽刺与幽默之乡,这个城的人们言谈中常有幽默、谐趣之语,因而性格开朗乐观,成了卡城居民的普遍品格。

第十一章

沟通，言之有理让人口服心服

卡耐基断言："现代成功人士80%都是靠一根舌头打天下。"会沟通，即可一语勾心，一名话抓住对方，让对方愿意听乐意说，产生好感，从而信服你所说的。

说服不同于争执

说服不同于争执、争论、争吵之处，在于说服不是斗争性、对抗性的。在试图说服那些与自己意见不一致的人时，我们不是把他们当作对手或敌人，而是当作平等的伙伴，不是为了让他们言听计从，而是为了让他们接受那些对他们有益却因为种种原因还没能理解的东西。说服是一种和平的事业，即使争吵，取胜的一方也要和"失败"的一方和平相处。一旦考虑到这种"和平共处"的价值，在语言上战胜对方就绝非上策了。

不考虑对方利益且又盲目地投入争论的人，会被一种焦躁心理所控制，大有一种过了今天不管明天的偏激心态，但明天总会到来，但那时又该如何呢？

美国科学家、政治家本杰明·富兰克林在他还是涉世不深的青年时，有个关心他的人对他说："本杰明，你真是无可救药。对意见与你相左的人，你总是粗鲁地加以侮辱，致使他们也不得不尽力反击。你的朋友认为，若是你不在他们身旁，他们会更快乐自在。你懂得太多，所以他们觉得自己没有什么话可以对你说。"这一番话对富兰克林起了警醒的作用，他在自传中写道："从此之后，我立下规则，我不再直接反对并伤害别人，也不过于伸张自己的意见。假如有人提出某种主张，而我认为是错的，我不再粗鲁地与他们争辩。相反地，我先找出一些特定的事例,证明对方可能也是对的,只是在目前状况下,这些看法'似乎'有些不妥。"结果,富兰克林发现情况有奇迹般的转变:"经过这样的改变后,我发现受益颇多。和别人交谈,气氛显得愉快了,由于采取一种谦和的态度,别人在接受我的意见时也不会发生争论;如果我是错的,则不会有人攻击我而使我受辱;而在'我对、别人错'的状况下,则更容易说服对方转而同意我的看法。"富兰克林由此走上了一条成功之路,使他的智慧为越来越多的人所承认。他的思想也影响了他生前及逝后的几代美国人,他也成为一代历史伟人。

说服,或真正的说服力就是形成被说服者的内在服从效应。它与借助权力的威胁不同之处在于,说服者认为他与被说服者是平等的,被说服者有具有某种观点、看法、态度及采取某种行为方式的自由。与交换、魅力所形成的确认式服从不同,在形成内在式服从的过程中,说服者也许根本就没有什么魅力或利益上的吸引力,被说服者之所以服从并不是因为说服者的缘故,说服者提供的信息才真正具有价值,起到修正或者改变被说服者的感知方式、理解及解释方式的作用,从而使内在化服从者最终对身边的事物采取了一种新的反应及行为方式。

说服他人要遵循的原则

说服是人际影响的一种形式,它表现为说服者通过谈话让说服对象理解并接受自己的观点。我们在和别人交往,尤其是和陌生人交往时，会有某些要达到的目的。而这些目的或多或少都需要对方接受自己，相信自己。因此，说服的艺术是交往中不可缺少的。

第一个原则是动之以情。顺利地接近被说服者，使其产生愿意听从说服的感情，是成功改变他人态度的基础。人是理智的动物，却常常做出缺乏理智的行为。从某种意义上说，人的行为是受外界的思想或建议影响的。比如在日常生活中，人们会不假思索的就把某种品牌列为最佳品牌，这就是因为受到了外界因素的影响。这就告诉我们要说服他人，就要动之以情，晓之以理。

要关心他人。人们都有被尊重和被爱的需要，每个人都希望得到他人的尊重和爱护。人们受到了关心，就会产生感恩之情，就容易听得进去意见和建议。说服不是压制，心理学上有"对抗理论"，人们都喜欢自由地支配自己的活动，而不愿意听他人的指挥，让人摆布。强迫某人做某事，就会让对方感到自主权受到了伤害，而唤起对立的情绪。鉴于这种心理的存在，在说服他人的时候，要尽量用商量的语气，以保护对方的自尊，这样也有利于取得好的说服效果。

此外，我们在和人交谈中，巧妙地运用语言造成某种特定的情感环境，也有助于说服他人。

第二个原则是消除他人的戒备心理。在与陌生人打交道的时候，双方都会存在一定的戒备心理，这种心理状态会影响双方自如地交往。所以，消除戒备状态、让人放松是首先要解决的问题。当交往对象持有顽固的见解时，直来直往地阐述自己的观点往往会碰壁，遇到这种情况最好采取"迂回战术"。

所谓的迂回战术就是把对方的注意力从他敏感的问题上引开，绕个弯子，再回到正题上来。这样可以消除对方的戒心，避免陷入僵局。

卡耐基曾经告诫人们："与人交谈，要让对方接受自己的观点，不要先讨论双方不一致的问题，而要先强调，并且反复强调你们一致的事情。让对方一开始就说'是''对的'，而不要让对方一开始就说'不'。"

心理学研究发现，当人们说出"不"字的时候，他的整个肌体，包括肉体和精神，都处于一种明显的收缩状态，这种状态往往会使他拒绝任何人的意见。同时，当"不"字说出来以后，人们就不愿意再悔改。哪怕他明显地意识到自己出现了错误，也会找出种种理由为自己辩解，甚至会贬损对方的观点，这就是某种自尊心作祟。

明白了这个道理，在说服对方的时候就尽量不要让对方把"不"字说出来，或让他暂时忘记自己的观点。要尽可能地让对方说"是"，这时候他是放松的，比较容易接受他人的意见，至少不会轻易地反对，而会先权衡。而且一旦"是"字说出口，他也不会再轻易地否定了。所以要利用这种心理学效应让对方接受你的意见。

第三个原则是要有严谨的逻辑性。说服是说服，而不是压服，总需要摆事实、讲道理来进行论证。而论证是否有力很大程度上取决于话语的逻辑性。严谨有力的逻辑通常让对方无力辩驳，甚至能够起到对方自我说服的作用。

成大事者善沟通

　　古希腊哲学家苏格拉底常常采用逻辑上的归谬法让他的学生认识到原来观点的错误。他提出一些问题让学生谈自己的观点，并不断地补充问题，诱导学生把错误的前提逐渐推到荒谬的结论，然后引导学生按照正确的逻辑思维，一步步通向自己的观点。这种方法引起了社会心理学家的兴趣，并在此基础上逐渐形成了一种说服技巧——逻辑诱导法。

　　这种方法就是在说服之前，先明确要改变对方什么态度，然后找一些和这种态度相背而对方又不得不承认的事实来发问，使对方处于两难推理中，要么否定自己原来的观点，要么否定自己眼前的事实。既然事实是无法否定的，就只能改变自己原来的观点了。这样的逻辑诱导就达到了说服的目的。

找到说服别人的最佳突破点

　　"说服"是生活中常见的一种现象，人生在世，经历不一，性格不一，学识不一，专业不一，与之相对应的心态、兴趣、做事、为人，当然也不一样。

　　"一千个读者心中有一千个哈姆莱特。"一方面说明莎氏戏剧中哈姆莱特这个艺术形象的复杂性，另一方面也说明人和人之间的巨大不同。因此，说服自古以来都在人们相互间的交往中扮演着重要的角色，孔子周游列国说之以礼，苏秦、张仪连横合纵于七国之间，留下了许多千古佳话。

　　时代进入 21 世纪，说服更成为我们建立和谐人际关系的关

第十一章 沟通，言之有理让人口服心服

键。说服是一门艺术，更是一个人综合素质的具体体现，比如一些权威言论或经实践证明的真知灼见，人们自然不说自服，而在日常生活中要想因某事而说服某人，就必须掌握一些说服的技巧和法则，以提高说服的效率。俗话说，"知己知彼，百战百胜"，要想在最快的时间内寻找到说服别人的最佳突破点，可以试着从以下几种方法着手。

1. 了解对方的性格。不同性格的人，接受他人意见的方式和敏感程度是不一样的。如：是性格急躁的人，还是性格稳重的人；是自负又胸无点墨的人，还是有真才实学又很谦虚的人。了解了对方的性格，就可以按照他的性格特征，有针对性地说服他了。

2. 了解对方的长处。一个人的长处就是他最熟悉、最了解、最易理解的领域。如有人对部队生活比较熟悉，有人对农村生活比较熟悉，有人擅长文艺，有人擅长体育，有人擅长交际，有人擅长计算等。

在说服人的时候，要从对方的长处入手。第一，能和他谈到一起去；第二，在他所擅长的领域里，谈论起来他容易理解，因此容易说服他；第三，能将他的长处作为说服他的一个有利条件，如一个伶牙俐齿、善于交际的人，在分配他做推销工作时可以说："你在这方面比别人具有难得的才能，这是发挥你潜在能力的一个最好机会。"这样谈既有理有据，又能表现领导者对他的信任，还能引起他对新工作的兴趣。

3. 了解对方的兴趣。有人喜欢绘画，有人喜欢音乐，有人喜欢读书，还有人喜欢下棋、养鸟、集邮、书法、写作等，人

人都喜欢从事和谈论其最感兴趣的事物。从这里入手，打开他的"话匣子"，再对他进行说服，便较容易达到说服的目的。

4. 了解对方的想法。一个人坚持一种想法，绝不是偶然的，他必定有自己的理由，而且他讲的道理一般都符合他自己的利益或人之常情。但这常常不是他想要坚持的，只是不愿承认，难于启齿。如果说服者能真正了解他的"苦衷"，就能有针对性地加以解决。

5. 了解对方的情绪。一般来说，影响对方情绪的因素有以下几个方面：一是谈话前对方因其他事所造成的心绪仍在起作用；二是谈话当时对方的注意力还未集中起来；三是对说服者的看法和态度。因此，说服者在开始说服之前，要设法了解他当时的思想动态和情绪，这对说服的成败，是一个至关重要的环节。

凡此种种，你都要悉心研究，才能够有针对性地采取有效的说服方式。另外，了解对方是有许多学问的。许多人不能说服别人，就是因为他不仔细研究对方，不研究该用怎样的表达方式，就急忙下结论，还以为"一眼看穿了别人"。这就像那些粗心的医生，对病人病情不了解就开了药方，当然不会有好的效果。

说服他人，从三方面入手

一般来说要想说服别人，说服者还应当从下面三个方面入手：

1. 贵在坚持

日本理研光学公司董事长市村清先生，想说服 W 先生购买他新发明的阳画感光纸，但他听说 W 先生对这类新技术、新发明一向不感兴趣。

市村清先生细心观察，此人讲话很有礼貌，向他解说蓝色晒图应如何改变阳画感光纸，一次、两次……六次、七次，一再拜访。有一天，W 先生不耐烦了，破口大骂："我说不行就是不行，要讲几次你才了解，不要再与我们制图师接触了。"

他生气了，证明他已经开始在意你的行为了，这是有希望的事情。既然已经生气，让他情绪稳定下来就太可惜了。如此，市村清第二日清晨又去了。

"昨天跟你讲过，怎么你又来啦？"

"喔，昨天很难得挨骂，所以我又来了。"市村清先生微笑着回答，"打扰你了，再见！" W 先生一下子呆住了，而市村清先生认为已经有了反应，达到了一定效果，所以暂时以退为进。

第三天一早他又去了，"早安！"四目相接触，W 先生终于被市村清说服了。

2. 让事实说话

当一种观念进入心底很长时间时，有时外人用话语的确难以改变它。此时，可用事实这种最有力的武器来说服他。

1961 年 6 月 10 日，周总理接见溥杰的夫人嵯峨浩时，了解到嵯峨浩的顾虑。嵯峨浩刚到中国，因为自己是日本人，又是伪满皇帝的弟媳，担心受到歧视。为了打消嵯峨浩的顾虑，周总理请三个人作陪，一位是老舍夫人，一位是京剧名旦程砚秋的夫人，另一位是照顾总理夫妇的护士。为什么请这三个人？因为她们都是满族人。总理先介绍三位陪客，然后讲了我们党的政策，讲中国各族人民都有平等的地位，不会受到歧视。如果没有三位满族人在场，以事实作证，嵯峨浩未必会相信总理，未必会去除偏见，打消顾虑。

改变一个人对一件事的偏见，就要找到与他观念相悖的事实，自然而然地引进这个事实，并在时机成熟时阐述它，发挥它，使之真正成为你的有力论据。若要改变一个人对另一个人的偏见常常要难得多。但用同样的方法也可以做到，只不过需要更长的时间，更多的坚持，才能积累更多的事实。让事实说话，让说话的声音更有力。

3. 活用数据

我们生活在数字的世界里，每天所见、所闻与所思的一切，几乎没有不涉及数字的。因此，我们也许对数字或多或少地产生麻木或厌烦的感觉。其实，这样的感觉是很自然的，因为数字只是代表事实的一种符号，而非事实本身。在说服他人时运用数字，要留意下面两个要领。

1）除非必要，否则不要随便提出数字。你抛出的数字过多，不但会令对方感到纳闷而关闭心扉，而且也会令听众觉得你没人情味，因为你所关心的只是冷漠的数字。

2）要设法为枯燥的数字注入生命，这就是说，要让数字所代表的事实，能成为一般人生活经验中的一部分。只有这样，人们对数字才感到亲切，也才能产生兴趣。举例来说，下面的第一种数字陈述方式若能改为第二种陈述方式则其影响力将显著加大。

A："假如各位接纳我的提议，则公司每个月至少能节省67453750元的开支。"

B："假如各位接纳我的提议，则公司每个月至少能节省67453750元的开支；从另一个角度来说，倘若这项节省下来的开支，能以加薪的方式平均分配给公司的每一位成员，则每一个人每一个月的工资将增加3500元！"

说服他人的实用方法

有些人说服人经常犯的弊病，就是先想好几条理由，然后去和对方辩论；还有的是站在长辈的立场上，以教训人的口吻，指点别人该怎么做。这样一来，就是等于先把对方推到错误的一方，因此，效果往往不好。说服人的方法和技巧很多，以下几种是比较实用和简便的：

1. 用高尚的动机来激励他。在一般情况下，每个人都崇尚高尚的道德、正派的作用，都有起码的政治觉悟和做人道德。所以，在说服他人转变看法的时候，一个有效的办法就是，用高尚的动机来激励他。比如说这样做将对国家、公司带来什么好处，或将对家庭、对子女带来什么好处，或将对自己的威信有什么影响，等等。这往往能够很好地启发他，让他做应该做的事。

2. 用热忱的感情来感化他。当说服一个人的时候，他最担心的是可能要受到的伤害，因此，在思想上先砌上了一道墙。在这种情况下，不管你怎么讲道理，他都听不进去。解决这种心态的最有效的办法就是，要用诚挚的态度、满腔的热情来对待他，在说服他的时候，要用情不自禁的感情来感化他，使他从内心受到感动，从而改变自己的态度。

3. 通过交换信息促使他改变。实践证明，不同的意见往往是由于掌握了不同的信息所造成的。有些人学习不够，对一些问题不理解；也有些人习惯于老的做法，对新的做法不了解；还有些人听人误传，对某些事情有误解，等等。在这种情况下，只要能把信息传给他，他就会觉察到行为不是像原来想象的那么美好，进而采纳领导者的新主张。

4. 激发他主动转变的意愿。要想让别人心甘情愿地去做任何事，最有效的方法，不是谈你所需要的，而是谈他需要的，教他怎么去得到。所以有人说："撩起对方的急切愿望，能做到这一点的人，世人必与他同在；不能的人，将孤独终生。"

探察别人的观点并且在他心里引起对某项事物迫切需要的愿望，并不是指要操纵他，使他做只对你有利而不利于他的某件事，而是要他做对他自己有利，同时又符合你的想法的事。这里要掌握两个环节：一是说服人要设身处地地谈问题，要把别人的事当作彼此互相有利的事来加以对待；二是在促使他行动的时候，最好让他觉得不是你的主意而是自己的主意。这样他会喜欢，会更加主动和积极。

5. 用间接的方式促使他转变。说服人时如果直接指出他的错误，他常常会采取守势，并竭力为自己辩护，因此，最好用间接的方式让他了解应改进的地方，从而让他达到转变的目的。所谓间接的方法是多种多样的，如把指责变为关怀；用形象的比喻来加以规劝；避开实质问题谈相关的事；谈别人的或自己的错误来启发他；用建议的方法提出问题，等等。这就要靠领导者根据实际情况创造性地加以运用。

6. 提高对方"期望"的心理，被说服者是否接受意见，往往和他心目中对说服者的期望心理有关，说服者如果威望高，一贯言行可靠，或者平时和自己感情好，觉得可以信赖，就比较愿意接受他的意见。反之，就有一种排斥心理，所以作为领导者，平时要注意多与下属交往，和他们建立深厚的感情，这样在工作的时候，就能变得主动有力。

说服方式要灵活改变

不同的人对于同一个批评，会有不同的心理反应，因为不同的人，性格与修养都是有区别的。

可以根据人们受到批评时不同反应将人分为迟钝型反应者、敏感型反应者、理智型反应者和强个性型反应者。反应迟钝的人即使受到批评也满不在乎；反应敏感的人，感情脆弱，脸皮薄，爱面子，受到斥责则难以承受，他们会脸色苍白，神志恍惚，甚至会从此一蹶不振，意志消沉；具有理智的人在受到批评时会感到有很大的震动，能坦率认错，从中汲取教训；具有较强个性的人，自尊心强，个性突出，"老虎屁股摸不得"，遇事好冲动，心胸狭窄，自我保护意识强，心理承受能力差，明知有错，也死要面子，受不了当面批评。

针对不同特点的人要采用不同的批评方式，对自觉性较高者，应采用启发作为自我批评的方法；对于思想比较敏感的人，要采用暗喻批评法；对于性格耿直的人，采取直接批评法；对问题严重、影响较大的人，应采取公开批评法；对思想麻痹的人，应采用警示性批评法。

在进行批评时忌讳方法单一，死搬硬套，应灵活掌握批评的方法。

正确的批评要求细密周到，恰如其分，普遍性的问题可以当面进行批评，对于个别现象就应个别进行。另外，也可以事先与之谈话，帮他提高认识，启发他进行自我对照，使他产生"矛头不集中于'我'"的感觉，主动在"大环境"中认错。另外，还要避免粗暴批评。

对下属的粗暴批评不会产生很好的效果。员工听到的只是恶劣言语，而不是批评的内容，他们的心中就会充满不服和哀怨，这就使其产生逆反心理而不利于问题的解决。

要学会运用"胡萝卜加大棒"的策略，防止只知批评不知表扬的错误做法。在批评时运用表扬，可以缓和批评中的紧张气氛。可以先表扬后批评，也可先批评后表扬。

批评还要注意含蓄，借用委婉、隐蔽、暗喻的策略方式，由此及彼，用弦外之音，巧妙表达本意，揭示批评内容，引人思考而领悟。万万不可直截了当地说出批评意见，开门见山点出对方要害。

在批评时，可以运用多种方法。如：通过列举分析历史人物是非，烘托其错误；通过列举和分析现实中的人物的是非，暗喻其错误；通过分析正确的事物，比较其错误；还可采用故事暗示法，用生动的形象增强对他的感染力；笑话暗示法，通过一个笑话，使他认识错误，既有幽默感，又使他不至感到尴尬；轶闻暗示法，通过轶闻趣事，使他听批评时，受到影射，也易于接受。总之，通过提供多角度、多内容的比较，使人反思领悟，从而自觉愉快地接受批评，改正错误，这才是我们所关心的问题。

对于十分敏感的人，批评可采取不露锋芒法，即先承认自己有错，再批评他的缺点。态度要谦虚，谦虚的态度可以使对方的抵触情绪很容易消除，使他乐于接受批评。例如，可以对人这样批评："这件事，你办得不对，以后要注意了。不过我年轻时也不行，经验少，也出过很多问题，你比我那时强多了。"

有时一些问题一时未搞清，涉及面大或被批评者尚能知理明悟，则批评更要委婉含蓄。先表明自己的态度，让下属从模糊的语言中发现自己的错误。但是，也不能一概而论，对严重的错误，应当严厉批评。另外，对于执迷不悟者和经常犯错误者，都应作例外处理。要么是他们改正错误，要么是你不用他们。

最终要取得信任

美国的美洲银行前总裁克劳森说他经历过一次严峻的考验。为了激励员工,他曾提出一个构想,如果下一年的公司业绩有好转,每一个员工都将收到10张公司的股票。刚宣布了这一决定,一封匿名信就寄到他的手上:"你又来了。承诺、承诺、再承诺,明天、明天、永远是明天。我们'今天'到底能得到什么呢?"这封匿名信给克劳森带来沉重的精神负担,因为他不知道是谁寄出的这一封信,他在整整一年中都感到所有的人都在监督着他,每日戒惧慎惕,不敢懈怠。一年后人们真的收到了股票,结果他又收到一封匿名信:"你果然信守承诺。"克劳森说:"我这时就像一个被释放的囚徒,真正感到了轻松自由。"

在第二封匿名信没来之前,克劳森都在经历着一种信任危机。因为员工缺乏对管理层的信任,管理层发出的信息就不具有说服力。虽然对员工们来说,为了饭碗必须保持工作表面服从,但员工们内心里却是抱着"走着瞧"的态度。有的人漠然处之,有的人满腹牢骚,顺从者没有创意,积极工作的人也许只在为自己工作,一有机会就另谋高就。要使一项计划得到实施,如果不能赢得人们的信任,领导者的处境将十分尴尬。在接受一个新计划时,人们要重新找到自己的角色定位和胜任的感觉,这时领导人就是导演,他要引导人们进入角色。

要做到这一点,强制不仅不能奏效,而且可能适得其反,领导者如果没有耐心,随时都可能搞砸。

说服人的关键在于理由

我们在说服别人的过程中最具说服力的方法,就是强调最大最关键的理由。

多年以前,拿破仑·希尔曾应邀向俄亥俄州州立监狱的服刑人发表演说。他一站上讲台,立刻看到眼前的听众之中有一位是他在十年前就已认识的朋友——D先生,D先生此前是一位成功的商人。

拿破仑演讲完毕后,和D先生见了面,谈了谈,发现他因为伪造文书而被判20年徒刑。听完他的故事之后,拿破仑说:"我要在60天之内,使你离开这里。"

D先生脸上露出苦笑,回答说:"希尔,我很佩服你的精神,但对你的判断力却深感怀疑。你可知道,至少已有20位具有影响力的人士曾经运用他们所知的各种方法,想使我获得释放,但一直没有成功。这是办不到的事!"

大概就是因为他最后的那句话——"这是办不到的事"——向拿破仑提出了挑战,他决定向D先生证明,这是可以办得到的。

拿破仑回到纽约市,请求他的妻子收拾好行李,准备在哥伦布市——俄亥俄州州立监狱所在地——停留一段不确定的时间。

拿破仑的脑海中有一项"明确的目标",这项目标就是要把 D 先生弄出俄亥俄州州立监狱。他从来不曾怀疑能否使 D 先生获释。他和妻子来到哥伦布市,买了一处高级住宅,像要永久性住下去一样。

第二天,拿破仑前去拜访俄亥俄州州长,向他表明了此行的目的。

拿破仑是这样说的:

"州长先生,我这次是来请求你下令把 D 先生从俄亥俄州立监狱中释放出来。我有充分的理由,请求你释放他。我希望你立刻给他自由,为此我准备留在这儿,等待他获得释放,不管要等待多久。在服刑的期间,D 先生已经在俄亥俄州州立监狱中推出一套函授课程,你当然也知道这件事:他已经影响了俄亥俄州州立监狱中 2518 名囚犯中的 1728 人,他们都参加了这个函授课程。他已经设法请求获得足够的教科书及课程资料,而使得这些囚犯能够跟得上功课。难得的是,他这样做并未花费州政府的一分钱。监狱的典狱长及管理员告诉我说,他一直很小心地遵守监狱的规定。当然了,一个能够影响 1700 多名囚犯努力学习的人,绝对不会是个坏家伙。我来此请求你释放 D 先生,因为我希望你能指派他担任一所监狱学校的校长。这将使得美国其余监狱的 16 万名囚犯获得向善学习的良好机会。我准备担负起他出狱后的全部责任。这就是我的要求,但是,在您给我回答之前,我希望您知道,我并不是不明白,如果您将他释放,而且,您又决定竞选连任的话,这可能会使您失去很

第十一章 沟通，言之有理让人口服心服

多选票。"

俄亥俄州州长维克·杜纳海先生紧握住拳头，宽大的下巴显示出坚定的毅力。他说："如果这就是你对 D 先生的请求，我将把他释放，即使这样做会使我损失 5000 张选票，也在所不惜……"

这项说服工作就此轻易完成了，而整个过程费时竟然不超过五分钟。

三天以后，州长签署了赦免状，D 先生走出监狱的大铁门，他再度恢复了自由之身。

拿破仑之所以能够成功地说服州长，和他的周密考虑和精心安排是分不开的。拿破仑事前了解到，D 先生在狱中的行为良好，对 1728 名囚犯提供了良好的服务。当他创办了世界上第一所监狱函授学校时，他同时也为自己打造了一把打开监狱大门的钥匙。既然如此，那么其他请求保释 D 先生的那些大人物，为何无法成功地使 D 先生获得释放呢？他们之所以失败，主要是因为他们请求州长的理由不充足。他们请求州长赦免 D 先生时，所用的理由是，他的父母是著名的大人物，或者是说他是大学毕业生，而且也不是什么坏人。他们未能提供给俄亥俄州州长充分的动机，使他能够觉得自己有充分的理由去签署赦免状。

拿破仑在见州长之前，先把所有的事实研究了一遍，并在想象中把自己当作是州长本人思想一遍，而且弄清楚了，如果自己真的是州长，什么样的说辞才最能打动州长。拿破仑是以全美国各监狱内的 16 万名男女囚犯的名义，请求释放 D 先生的。

因为这些囚犯可以享受到 D 先生所创办的函授学校的利益。他绝口不提他有声名显赫的父母，也不提自己以前和他的友谊，更不提他是值得我们帮助的人。所有这些事情都可被用来作为请求保释他的最佳理由，但和下面这个更大、更有意义的理由比较起来，就显得没有太大的意义。这个更大、更有意义的理由是，他的获释将对另外的 16 万名囚犯有很大的帮助，因为他获释之后，将使这些囚犯享受到他所创办的这个函授学校的好处。因此，拿破仑靠着这个最大最关键的理由获得了成功。

第十二章

沟通，你要学会巧妙说不

有个伟人说过：人世间最难的事就在于对他人说"不"。在面对他人的要求时，人常常会陷入两难境地：要是拒绝他人，怕会得罪对方，万一以后自己有事求人家，别人不给面子。而答应了人家，有时候就会违反自己的原则，让自己陷入两难境地。其实，只要掌握了拒绝他人的说话艺术，就会避免这种两难境地，把事情完美地处理好。

倾听，拒绝他人也要真心

当你的同事向你提出要求时，他心中通常也会有某些困扰或担忧，担心你会不会马上拒绝，担心你会不会给他脸色看。

因此，在你决定拒绝之前，首先要注意倾听他的诉说。比较好的办法是，请对方把处境与需要讲得更清楚一些，自己才知道如何帮助他。接着向他表示你了解他的难处，若是你处于同样的境地，也一定会如此。

倾听能让对方有被尊重的感觉，在你婉转地表明自己拒绝的立场时，也能避免他受伤害的感觉，或避免让人觉得你在应付。如果你的拒绝是因为工作负荷过重，倾听可以让你清楚地界定对方的要求是不是你分内的工作，而且是否包含在自己目前重点工作范围内。或许你仔细听了他的意见后，会发现协助他有助于提升自己的工作能力与经验。这时候，在做好目前工作的原则下，牺牲一点自己的休闲时间来协助对方，对自己的职业生涯是有帮助的。

倾听的另一个好处是，你虽然拒绝他，却可以针对他的情况，建议他如何取得适当的解决方法。若是能提出有效的建议或替代方案，对方一样会感激你，甚至在你的指引下找到更适当的支援，达到事半功倍的效果。

拒绝时除了可以提出替代建议，隔一段时间还要主动关心对方的情况。有时候拒绝是一个漫长的过程，对方会不定时提出同样的要求。若能化被动为主动地关怀对方，并让对方了解自己的苦衷与立场，可以减少拒绝的尴尬与影响。拒绝除了需要技巧，更需要发自内心的耐性与关怀。若只是敷衍了事，对方其实能看得出来。这样会让人觉得你不是个诚恳的人，对人际关系伤害很大。

总之，只要你是真心地说"不"，对方一定会体谅你的苦衷。

学会轻松地对他人说"不"

1. 做好说"不"的准备

我们可分析一下，那些在别人不论提出多不合理的要求时都很难说"不"的人，通常是由于以下一种或几种原因。

首先，对自己的判断力缺乏自信，不知道什么是应该做的，什么是别人不该期望自己做的。

其次，渴望讨别人喜欢，担心拒绝别人的请求会让人把自己看扁了。对自己能力能够成功地负起多少责任也认识不清。最后是自卑作怪，因而把别人看成是能控制自己的"权威人士"。

然而，不论出于何种理由，这些不敢说"不"的人通常承认自己受感情所支配。不管过去的经历如何，他们从未在别人提出要求时有一个准备好的答复。

2. 用拖延来说"不"

一位女友想和你约会。她在电话里问你:

"今天晚上八点钟去跳舞,好吗?"

你可以回答:"明天再约吧,到时候我给你去电话。"

你的同事约你星期天去钓鱼,你不想去,可以这样回答:

"其实我是个钓鱼迷,可自从成了家,星期天就被妻子没收啦!"

3. 用沉默说"不"

当别人问:"你喜欢阿兰德隆吗?"你心里并不喜欢,这时,你可以不表态,或者一笑置之,别人即会明白。

一位不大熟识的朋友邀请你参加晚会,送来请帖,你可以不予回复。它本身说明,你不愿意参加这样的活动。

4. 用回避说"不"

你和朋友去看了一部拙劣的武打片,出影院后,朋友问:"你觉得这部片子怎么样?"你可以回答:"我更喜欢抒情点的片子。"你正发烧,但不想告诉朋友,以免引起他的担心。朋友关心地问:"你试体温了吗?"你说:"不要紧,今天天气不太好。"

5. 用模糊说"不"

外交官们在遇到他们不想回答或不愿回答的问题时,总是用一句话来搪塞:"无可奉告。"生活中,当我们暂时无法说"是与不是"时，也可用这句话。还有一些话可以用做搪塞，如"天知道。""事实会告诉你的。""这个嘛……难说。"等等。

6. 用反诘说"不"

你和别人一起谈论国家大事。当对方问："你是否认为物价增长过快？"你可以回答："那么你认为增长太慢了吗？"你的恋人问："你讨厌我吗？"你可以回答："你认为我讨厌你吗？"

7. 用推托说"不"

比如：一位客人请求一个宾馆服务员替他换个房间，服务员则可以说："对不起，这得值班经理决定，他现在不在。"

你和妻子一块上街，妻子看到一件漂亮的连衣裙，很想买，你可以拍拍衣服口袋："糟糕，我忘了带钱包。"

有人想找你谈话，你看看表："对不起，我还要参加一个会，改天行吗？"

8. 用客气说"不"

当别人送礼品给你，而你又不能接受时，你可以客气地回绝：一是说客气话；二是表示受宠若惊，不敢领受；三是强调对方留着它会有更多的用途等。

9. 友好地说"不"

一位作家想同某教授交朋友。作家热情地说："今晚我请你共进晚餐,你愿意吗?"不巧教授正忙于准备学术报告会的讲稿,实在抽不出时间。于是,他笑了笑,带着歉意说:"对你的邀请,我感到非常荣幸,可是我正忙于准备讲稿,实在无法脱身,十分抱歉。"他的拒绝是有礼貌而且愉快的,但又是那么干脆。

10. 对事说"不"

某造纸厂的推销员上某单位推销纸张。推销员找到熟悉的这个单位的总务处长,恳求他订货。总务处长彬彬有礼地说:"实在对不起,我们单位已同某国营造纸厂签了长期购买合同,单位规定不再向其他任何单位购买纸张了,我也应按照规定办。"因为总务处长讲的是任何单位,就不仅仅针对这个造纸厂了。

当我们羞于说"不"的时候,请恰当地运用上述方法。但是,在处理重大事务时,来不得半点含糊,应当明确说"不"。而在朋友的真心求助下,则不能用说"不"的方法应付,应竭尽所能,若实在违反原则和自己力不能及时,才好说"不"。

委婉拒绝别人的艺术

若别人有求于你,而你出于各种原因却不能接受,又不好直说"不行""办不到",怕因此伤害对方的自尊心;若对方提出一些看法,你不同意,既不想讲违心之言,又不愿直接反驳对方;若你看不惯对方的行为,既想透露内心的真情,又不愿意表达得太直接，以免刺激对方。要想处理好上述社交经常出现的情况，就要在社交活动中学会巧妙委婉地拒绝，根据不同的情境说"不"。

1. 假托直言

直言是对人信任的表现，也是与对方关系密切的标志。但是多数情况下直言因逆耳而不能收到预期的效果。在这种情况下，要拒绝、制止或反对对方的某些要求、行为时，可采取假托由于非个人的原因作为借口从而加以拒绝，这样对方就容易接受。例如：

某报社的推销员登门要求你订阅他们发行的报纸，可你不想订阅。你可以很有礼貌地说："谢谢。你们的服务很周到，可是我家已经订阅了其他几家报社的报纸了，请谅解。"

2. 反复申诉

当别人侵犯了你的权利时，你要维护你的权利，既坚持你所需要的东西而不生气，也不急躁或高声喊叫，应该学会在一种冲突的情境中有效地反复表达你的意见。例如：

你到商店去买东西，由于购物的人多，售货员少找给你十元钱。你向售货员提出，售货员因记不清而引起了纠纷。这时你要以一种平静而重复的声音诉说是如何少找给你钱的，直到问题得到解决。下面这段店员和买主的对话就是一个很好的例子。

买主：小姐，你少找给我十元钱。

店员：不会吧，我们总是一手交钱，一手付货。

买主：我相信你们总是这样做的，可是你确实少找给我十元钱。

店员：你有发货票吗？

买主：有，（拿出发货票），你看，就是差了十元钱。

店员：（看发货票）你在这里买的是两双儿童的靴子。

买主：不错，你再算算，就是差十元钱。

店员：你看过你的衣袋没有？你是不是掉在哪儿了？

买主：不会的，我没动地方。我衣袋里再没有钱了。

店员：现在没法结算，快闭店时我们结账，你来一趟好吗？

买主：好，我相信您一定会找到。

3. 模糊应对

如果由于某种原因不愿意或不便于把自己的真实想法说给对方，这时可以用模糊语言来应对。例如：

在医院里，一位患有严重疾患的病人问医生："我的病是不是很重，还有康复的希望吗？"

医生回答："你的病确实不轻，但是经过治疗，安心养病，慢慢会好的。"

这里的"慢慢会好"是模糊语言。这"慢慢"是多久，是说不清的，但给病人以希望，对病人是一个极大的安慰。

4. 热情应对

明确表示你希望满足对方的要求，并表示同情，可是实际

上是心有余而力不足,请对方谅解,而不直接拒绝。这样也能收到良好的效果。例如:

客户要求电信局安装市内住宅电话,由于供不应求,无法一一满足,但又不能拒绝客户的要求。回答时,应表示同情,并热情地说:"满足客户的要求是我们应尽的责任,可是由于目前线路短缺,还不能全部解决,我们正创造条件,请你耐心等待。"

5. 旁溢斜出

对对方提出的问题给予回避性的回答,而不直接否定对方提出的不合己意的问题。例如:

你的同学问你:"某某小说写得很不错,你认为怎样?"

你可以这样回答:"还可以,不过我更喜欢某作家的某一本小说。"

再如,星期天你的妻子说:"今天我们去看话剧好吗?"而你不愿去,可以说:"去看电影怎么样?"这种回答不会引起对方的反感,对方可能会同意你的意见。

关键时候不妨大胆说"不"

社交中,我们常会遇到一些人的无理请求,若想既把"不"字说出口,又能不得罪人,确实是一种难事,甚至是一种奢求。因此我们面对某些人的无理取闹,特别是面对时弊陋习,务必旗帜鲜明，断然予以拒绝，大胆把"不"说出口。

美国前总统塔夫脱曾讲过这样一个发生在他身边的故事：

"一位居住在华盛顿的妇人，她的丈夫很有些政治势力，她要求我为她的儿子安插一个职位。她不断向我提出请求，而且还托两院中的几位议员帮她说话。可是，她要求给他儿子的是一个充任总统秘书而且专司咨询两院议事的职位，这个职位只有具有一定专业知识的人才能胜任，她的儿子，实在担当不了这个职务，所以后来我另外派了一个人去接任。这样一来她就感到大大的失望，立刻给我写来一封信，说我不懂世故人情，说她曾努力劝说某一州的代表，让他们赞同我提出的某一项重要法案，她对我这样帮忙，而我仅需举手之力，就可以完成她的心愿。

"我接到她的信，把这封信先搁置了两天，然后再取出来很平心静气地写回信。我对她表示了同情，说做母亲，遇到了这样的事，当然是十分失望。再说关于用人是不能完全由我做主的。因为技术人才，我只能听该部门领导的推荐，最后说了说她的儿子在现在这个岗位上一样可干得很好的话。这一封信总算使她静了下来，过后她又给了我一封短札，说明前信所言应该抱歉。

"我所委派的人并没有马上就去接任，所以过了几天，我又接到了一封是她丈夫署名的信，但是，笔迹完全和前封信一样。这封信中说他的妻子为了儿子职位的事而忧闷成疾，医生诊断，恐怕是一种很严重的胃病。如果要使她健康恢复，最好把前次委任的那个人撤回而另行改为她的儿子。

"因此，我又给她丈夫回了一封信，信中说希望医生的诊断有误，同时，再同情他为了夫人的病而忧戚。至于撤回前次所委派的人，那是在朝令夕改，事实上是不可能的。

"此事不久，我委任的人就到任了。又过了两天，我在白宫中开了一个音乐会，第一对到会的客人，就是那位妇人和她的丈夫。"

上例中塔夫脱一连三次拒绝，每次在拒绝上都义正词严，而对于之外的话题则给予了妇人很大的同情和理解，所以他们在事情过去之后，仍能保持良好甚至是更好的交往关系。这无疑得益于塔夫脱对这件事得当的处理方法和简洁而不乏情意的拒绝之辞。因此，我们在社交中拒绝某些事时，不要为了拒绝而说一大堆理由，有些事不行就是不行，简明说出理由，然后不乏情义地拒绝它，才是上上之策。

有人说，如果你想真正了解一个人，就请注意他拒绝别人时的样子，这是一个人的全部。"不"不仅体现一个人的性情，也诠释了一个人做人的标准，在该说不的时候大胆把"不"说出口，是一种境界。

讲究说"不"的策略

说话讲究策略，说"不"更要有策略，否则拒绝二字将给你的生活增添不少麻烦。

有一个乐师，被熟人邀请到某夜总会乐队工作。乐师嫌薪水低，打算立即拒绝。但想起以往受过对方照顾，不便断然拒绝，便心生一计，先说些笑话，然后一本正经地说：

"如果能使夜总会生意兴隆，即使奉献生命，在下也在所不辞。"

此时夜总会老板自然还是一副笑脸，乐师抓住机会立刻板起面孔说：

"你觉得什么地方好笑？我知道你笑我。你看扁我，不尊重我。这次协议不用再提，再见。"这样，乐师假装生气，转身便走，老板却不知该如何待他，虽生悔意，但为时已晚。

在生活中，面对不喜欢的对象，要出其不意地敲他一下，以便打退对方。若缺乏机会，不妨参照上例，制造机会，先使对方兴高采烈，然后趁对方缺乏心理准备，脸仍在笑嘻嘻时，找到借口及时退出，达到拒绝的目的。

日本成功学大师多湖辉曾讲过这样一件事，在日本20世纪60年代末的学运中，某大学的教室里正在上课时，一群学运积极分子闯了进来，使上课的教授手足无措。当着班上学生的面，教授想显示一点宽容和善解人意的风度，就决定先听一下学生讲些什么之后再去说服他们。结果与他的善良想法完全相反，学生们乘势向他提出许许多多的问题，把课堂搅得一团糟，再也上不成课了。并且这之后只要他上课就有激进派的学生出现在课堂上，就这样日无宁日地持续了一年。

从这一教训中，教授悟到一条法则，即若无意接受对方，最好别想去说服他，对方一开口就应该阻止他："你们这是妨碍教学，赶快从教室里出去，与课堂无关的事，让我们课后再说！"假如再发生一次同样的事，教授能否应付呢？就算他显示出了拒绝的态度，学生也会毫不理会地攻击他，如果一点也不去听学生的质问，一开始就踩住话头，至少不会给对方以可乘之机，也不致弄得一年时间都上不好课。

一位名叫金六郎的青年去拜访本田宗一郎，想将一块地产卖给他。本田宗一郎很认真地听着金六郎的讲话，只是暂时没有发言。本田宗一郎听完金六郎的陈述后，并没有作出"买"或者"不买"的直接回答，而是在桌子上拿起一些类似纤维的东西给金六郎看，并说："你知道这是什么东西吗？"

"不知道。"金六郎回答。

"这是一种新发现的材料，我想用它来做本田宗一郎汽车的外壳。"本田宗一郎详详细细地向金六郎讲述了一遍，共讲了十五分钟之多。谈论了这种新型汽车制造材料的来历和好处，又诚诚恳恳地讲了他明年的汽车计划用何种新的设计。这些内容使得金六郎摸不着头脑，但感到十分愉快。

在本田宗一郎送走金六郎时，才顺便说了一句，他不想买他的那块地。如果本田宗一郎一开始就将自己的想法告诉金六郎，金六郎一定会问个究竟，并想方设法劝说本田宗一郎，让他买下这块地。本田宗一郎不直接言明的理由正是如此，他不想与金六郎为此争辩什么。拒绝对方的提议时，最好采用毫不触及话题具体内容的抽象说法。

拒绝他人时要注意的禁忌

1. 忌说话绵软无力

拒绝别人时若说话绵软无力甚至哼哼叽叽半天讲不清楚，会让人很容易产生一种厌恶，认为你不是帮不了他，而是根本不想帮他，因为一般而言只有心虚的人才会如此吞吞吐吐。

2. 忌热情过头

既然是拒绝别人就认真说出理由，之后无论表示惋惜也好，无奈也好，别人不乐意，但也不能对你的拒绝妄加指责，但你若为了弥补对方，一个劲"可惜可惜""下次下次""一定一定"，则未免有些虚伪。

3. 忌触动感情

据心理学家研究，"触动"是很容易产生共同感受的，故想说"不"时应注意避免。给人以"敬而远之"的态度，比较容易把"不"说出来并说得较好，或者说，对方试图与你套近乎，你要保持头脑清醒，以免做了感情俘虏，给对方可乘之机。一般说来，见一次面就能记住别人名字的人，常容易与人接近，故此，在交谈中不断称呼别人名字，并冠之以"兄""先生"

等常能产生亲近感,那么,反过来你想说"不"时,便应杜绝这种亲密的表示,即对方的名字一概不提,这样加大和对方的心理距离,容易说"不"。还有谈话时尽量距离对方远些,使其不容易行使拍、拉等接触性的亲密动作。另外,最好也不要触摸对方递出来的东西。东西也和人一样,一经"触摸"就会产生"亲密感",想要拒绝就不容易了。

4. 忌借口不当

有些人不想直接说"不",便随便找些不值一驳的理由来暂时搪塞对方,以求得一时的解脱。这个方法并不好,因为对方仍可以找理由跟你纠缠下去,直到你答应为止。比如你不想答应帮某人做事,推说:"今天没有时间。"他就会说:"没关系,你明天再帮我做好了,事情就拜托你了。"又如你要拒绝对方想转让给你的一件衣服,你推说:"钱不够。"那么对方会说:"钱够了再说好了。"就把你轻易应付过去了。或者你不愿意和对方跳舞,推说:"我跳不好。"那么他一定会说:"没关系,我慢慢带着你跳好了。"因为这些都是小小的谎言,一经反驳,你定有所慌乱,"不"的意志便很难贯彻了。所以对付这种情况,你倒不如直截了当地用较单纯的理由明确地告诉对方:"你托办的这件事办不到,请原谅。""这件衣服的颜色我不喜欢,很抱歉。""我已经另约了舞伴,不能跟你跳,对不起。"等等。这样虽说显得生硬些,但理由单纯明快,不会给对方可乘之机,倒可以免除后患。

五种技巧教你谢绝他人

1. 非个人原因的谢绝

对人说"不",最困难的就是在不便说出真实的原因时又找不到可信而合理的借口,那么,不妨在别人身上动动脑筋,比如借口你的家人方面的原因。一位生活惬意的家庭主妇自称她的生活之所以能如此安宁,就是因为她能巧妙地谢绝某些麻烦。

当一个推销员敲她家门时,她的态度礼貌而坚定:"谢谢你的好意,可我丈夫不让我在家门前买任何东西,而不是因为我不愿意掏腰包。"

这样一来,推销员既不会因为她没买他的东西而怨恨她,同时也感到再说下去也是白费口舌,因为问题不在于她,而在于那个他并未晤面的丈夫,于是,他只好作罢。

2. 情非得已的谢绝

当有人真心请求你的帮助时,在力所能及的范围内,应该尽量给予帮助。但碰上实在无能为力的事,你无法给予对方帮助时,也不要急于把"不"字说出口,不要使对方感觉到你丝毫没有帮助他解决困难的诚意,否则,你在别人眼中会是一个自私而缺乏同情心的人。保险公司的小李是处理协调客户赔偿要求事务的,小李的工作决定他要经常地拒绝客户的要求。然而,他总是对客户的要求表示同情,并解释说,从道义上讲他同意对方的要求,可自己实在是心有余而力不足。由于拒绝得法,小李的工作做得很出色。同样,当别人有求于你而你又无能为力时,先不忙拒绝他,而要耐心地倾听他的陈述;对他所处的困境表示同情,甚至可以给他提些建议,最后告诉他,你实在无法帮他,对方绝不会因此而生气,反而会被你的诚意所感动。

3. 通过诱导对方来谢绝

诱导对方即当别人向你提出不合理的要求时,不要简单地拒绝他,而应该让他明白他的要求是多么不合适,从而自愿放弃它。一位业绩卓著的室内设计师声称,对于用户的不合实际的设想,他从不直截了当地说"不行",而是竭力引导他们同意他希望他们做的事情。

一位妇女想要用一种不合适的花布料做窗帘,这位设计师提议道:"你真是给了我们一种新的设计思维,不过让我们来看看你希望窗帘布置达到什么效果。"接着,他大谈什么样的布料做窗帘才能与现代装饰达成最好的和谐,很快,那位妇女便把自己的花布料忘了。

4. 谢绝后指明方向

这一点对担任一定领导职务的人尤其重要。比如你的下属向你提出的要求被你拒绝后,你不妨告诉你的属下他的努力方向，使他始终看到希望，与此相比，你的拒绝就显得微不足道了，不会挫伤他的自尊心，也不会伤害你与属下之间的感情了。

《成功的人际关系》一书的作者威廉·雷利博士在谈及怎样处理下属希望晋职而他本身的条件又不够的情况时，曾建议企业主管这样说：

"是的，乔治，我理解你希望得到提升的心情。可是，要得到提升，你必须先使自己变得对公司更重要。现在，我们来看看对此还要多做点什么……"

5. 不假思索地谢绝

一位热情奔放的老妇人决定与年轻的女邻居交朋友，她发出邀请："欣迪，你明天上午到我家来玩，好吗？"

欣迪脸上露出温和宽厚的笑容说："谢谢了，但不行啊。因为明天，我还有事呢。"

她的拒绝既友好又温情，但态度又是那么坚决，老妇人只好作罢。所以，当别人的请求你无法满足，就迅速作出反应，友善、真诚地谢绝他，不留任何回旋的余地。

巧妙地进行推辞

在阿富汗民间故事里有一则题为《谨慎的智者》的小故事。

有一天，帕夏把智者召来，对他说：

"智者，你的智慧，大家都知道，我任命你担任本城的法官。"

第十二章 沟通,你要学会巧妙说不

这个智者对这个差事不感兴趣,就回答说:

"伟大的帕夏,这个职务我不能胜任。"

帕夏问:"为什么呢?"

智者答道:"如果我说的是真话,那就不应任命我为法官;如果我是撒谎,难道就任命一个撒谎的人当法官吗?"

这位谨慎的智者实际上是不想做本城的法官,他说的"这个职务我不能胜任"不管是否谦虚,其逻辑判断显示的是不能当;如果他在撒谎,那么一个撒谎的人也不能当法官。于是,从两边挟制,得出"我不能当"的结论,轻松推辞了帕夏的邀请。

在日常的交际活动中,特别是身处职场中,你一定经常遇到这样的问题:一位同事突然开口,让你帮他做一项难度很高的工作。答应下来吧,可能要连续几个晚上加班才能完成,而且这也不符合公司的规定;拒绝吧,面子上实在抹不开,毕竟是多年的同事了。应该怎么找一个既不会得罪同事又能把这项工作顺利推出去的理由呢?

有人会直接对同事说:"不行,就是不行!"这绝对不是最佳的选择,可能会让你和同事以后连朋友都没得做。有人会推托说:"我能力不够,其实小A更适合。"那你有没有想过当同事把你这番话说给小A听时,他会做何反应?有人会不好意思地说:"我真的忙不过来。"理由不错,可是只能用一次,第二次再用时,你面对的一定是同事疑惑的眼光。这些好像都不是最佳拒绝理由,那到底该怎样婉转地拒绝办公室中的不合理请求呢?在这里提供一些方法。

当你仔细倾听了同事的要求,并认为自己应该拒绝的时候,说"不"的态度必须是温和而坚定的。好比同样是药丸,外面裹上糖衣的药,就比较让人容易入口。同样地,委婉表达拒绝,也比直接说"不"让人容易接受。例如,当对方的要求不合公司或部门规定时,你就要委婉地表达自己的工作权限,并暗示他如果自己帮了这个忙,就超出了自己的工作范围,违反了公司的有关规定。在自己工作已经排满而爱莫能助的前提下,要让他清楚自己工作的先后顺序,并暗示他如果帮他这个忙,会耽误自己正在进行的工作,会对公司与自己产生较大的不良影响。一般来说,同事听你这么说,一定不会再勉强你,转而想其他办法。

第十三章

沟通，你要学会真诚赞美

人人都喜欢被赞美。美国著名社会活动家曾推出一条原则："给人一个好名声。"如果你能以诚挚的敬意和真心实意地赞扬满足他人，那么他人可能会变得更令人愉快、更通情达理、更乐于协力合作。

赞美别人并非贬低自己

我们每一个人都希望自己在各个方面都能胜人一筹,然而,事实上这永远只能是一个梦想。一些心理素质不高的人,每当面对别人的优点与成绩时,往往禁不住妒火中烧,很难坦然地面对与欣赏。在这些人眼里,办事能力强变成了爱出风头,你好心好意去帮他,他私下里还担心你无事献殷勤——非奸即盗。于是,这些人对待他人优点与成绩的态度也只能是要么不屑一顾,要么再恶劣点,实行打击、报复。而别人往往也不是省油的灯,这就带来了人际关系的恶性循环,自己的事业会因此严重受挫。

每个人都有自己的优点和成绩,都希望获得别人的肯定与赞美。有些优点和长处往往是与生俱来的,比如某人长得漂亮,智商很高等。因此,对于别人优点与长处的肯定不仅不会贬低自己的位置,而且可以使旁人从中认识到你所具备的优良素质,从而获得他人的称赞。

战国时期,公子重耳与公子小白争夺王位,鲍叔牙辅佐重耳,而管仲则为公子小白出谋划策。最终公子重耳当上了齐国国君。重耳想拜鲍叔牙为相,鲍叔牙却说:"公子如果想统治齐国,任我为相就足够了,而公子如果想一统天下,则非拜管仲为相不可。"最终,重耳任用管仲成为一代霸主。鲍叔牙虽然不及管仲有才华,但却能坦然地欣赏管仲的优点和长处,并大力举荐,从而获得了天下人的称赞,并借此得以留名青史。

面对他人的成绩,我们首先应该懂得,成绩是他人的勤劳加汗水所赢得的,我们应该坦然地欣赏他人的劳动成果,并予以肯定。与此同时,检讨自己,虚心请教,学习他人勤奋向上的精神。主动请教别人向你传授学习工作的要领,不仅是对他人成绩的一种高度赞扬,而且也可以督促自己继续前进。既有利于你技术水平的提高,也有利于你处世水平的提高。这岂不是一箭双雕的事情,你又何乐而不为呢?

要坦然地欣赏别人的优点和成绩,还需要相当的自信和勇气。

日常生活中,我们经常遇到别人比自己强的情形,而赞美之词却怎么也说不出口,主要是因为缺乏自信心,觉得自己不如对方,于是心理失衡,没有勇气为对方喝彩。要么觉得"不好意思";要么认为自己与之相比,结果昭然自明,不用多此一举;要么觉得自己人微言轻,赞美了也不会引起重视,还害怕会引起非议,被人误解为是溜须拍马。结果,不仅失去了一次坦然欣赏别人优点与长处的机会,也失掉了一次抛弃自卑与胆怯心理的机会。

众所周知,迈克尔·乔丹是一位超级篮球精英,但他却对别人说队友皮彭在投三分球方面比他更有天赋,还说皮彭扣篮方面也比自己胜出一筹。皮彭显然是最有希望超越乔丹的新秀,而乔丹却处处对其加以赞扬。一方面,反映了他自我挑战的勇气,另一方面也是乔丹自信心的体现。

因此,在生活中如果棋逢对手,不妨采取"吴越同舟"的策略,同对手友好相处,对其优点成绩大大方方的表示祝贺,送上一束鲜花。另一方面，奋力追赶。

在这方面，做得最好的要数一些日本人了。日本对于其经济在战后迅速发展的原因的解释是："我们日本国民的一大优点是，对外人不停地鞠躬，不停地说好话。可以说，善于发现别人的长处，善于赞美别人是日本走向世界的一个重要原因。"20世纪中叶日本从战争的废墟堆里站起来，抓起"赞美"这杆新式武器，开始了向西方发达国家学习，发展民族产业的进程。今天，日本已是世界上为数不多的经济大国。

日本国民将"赞美"这种武器更广泛运用在了经济领域，如日本的推销之神原一平，他在阐述他的推销秘诀时说："推销的秘诀在于研究人性，研究人性的关键在于了解人的需要，我发现对赞美的渴望是每个人最持久、最深层的需要。"而要慷慨地赞美别人的优点和成绩，就必须坦然接受别人的优点和长处。

富兰克林有句名言："良好的态度对于事业与社会的关系，正如机油对机器一样重要。"

因此，如果你是一位品格高尚的人，不妨试着去发自内心地赞美一位与你正相互竞争的同学或者是同事，甚至举荐一位有可能位居你之上的职员给老板，这是一种更高境界的赞美。

赞美他人的基本方法

赞美他人也需讲究方法，若在赞美别人时，不掌握一定的技巧，不审时度势，即便是真诚的赞美，也不会达到预想的结局。

赞美的方法很多，现在就常用的几种方法分述一下。

1. 直言夸奖法

夸奖是赞美的同义词。直言表白自己对他人的羡慕，这是平常用得最多的方法。老朋友见面说："你今天精神真好啊！"年轻的妻子边帮丈夫结领带边说："你今天看上去气色好多了。"一句平常的体贴话，一句出自内心的由衷赞美，会让人一天精神愉悦，信心倍增。

2. 反向赞美法

指责与挑剔，每个人都难以接受。把指责变成赞美，看来是难以想象的，能真正做到更是不易。但世界著名企业家洛克菲勒做到了。

洛克菲勒是位很具吸引力的企业家，使许多有才能的人团结在他周围。一次，公司职员艾德华·贝佛处理工作失当，在南非做错一宗买卖，损失了100万美元。洛克菲勒知道后没有指责贝佛，何况事情已经发生了，指责又有何用？他于是找了些可以称赞的事，恭贺贝佛幸而保全了他所投金额的60%。贝佛感动万分，从此更努力地为公司效力。

3. 意外赞美法

出乎意料的赞美，会令人惊喜。因为赞美的内容出乎对方意料，会大大引起对方的好感。卡耐基在《人性的弱点》中写了一个他曾经历过的故事：

一天，他去邮局寄挂号信，办事员服务质量很差，很不耐烦。当卡耐基把信件递给他称重时，说："真希望我也有你这样美丽的头发。"闻听此言，办事员惊讶地看了看卡耐基，接着脸上露出微笑，服务变得热情多了。

4. 肯定赞美法

人人都有渴望赞美的心理需求，在一些特定的场合上更是如此，例如，在报上发表了文章，成功地完成了论文，苦心钻研多年的项目通过了鉴定等，都希望得到别人的肯定。这时，不失时机给予真诚的赞美会使被赞美者高兴万分。

大家都知道张海迪的故事，她曾应日本友人之邀，赴日本参加特意为她举行的演讲音乐会。在台上，她第一次用自学的日语做了自我介绍，并唱了几首她自己创作的歌。在她讲完之后，她是多么希望能得到别人的赞许、鼓励和褒扬啊！这时，日本著名作家和翻译家、主人之一秋山先生上台来紧紧抱住她，说："讲得太好了，我们全都听懂了！"这简短的赞扬深深地打动了她，使她在最需要了解自己价值的时候，对自己有了一个清楚的认识，增强了自信心。

5. 目标赞美法

在赞美别人时，为他树立一个目标，往往能让他坚定信念，为这一目标而奋斗。

足球教练文斯·伦巴迪是一位富有传奇色彩的人物。在训练队伍时，他发现一个叫杰里·克雷默的小伙子思维敏捷、球路较多。他非常看好这个小伙子。一天，他轻轻地拍一拍杰里·克雷默的肩膀说："有一天，你会成为国家足球队的最佳后卫。"克雷默后来真的成了国家足球队主力队员。他后来回忆说："伦巴迪鼓励我的那句话对我的一生产生了巨大影响。"

学会正确赞美

被人赞美是令人喜悦的事情。正确的赞美，能使人感到人际间的理解，领略到人世间的温暖，并产生赞美者与被赞美者之间的良好心灵交流。但并不是所有的赞美都能产生心灵上的良好交流。虚情假意的赞美、言过其实的赞美、迫不得已的赞美和明褒暗贬的赞美，不但不能使被赞美者获得真心的愉悦，还会造成人际相处的障碍。良好的赞美一般都具有下列特点：

1. 诚心诚意

我们之所以赞美别人，是我们觉得别人有值得赞美的地方，而赞美本身也是自己对别人钦佩和羡慕的表示。尽管赞美本身具有改善人际关系的功能，但这种功能只是赞美的副产品，而不是目的本身。如果把它当作是惟一目的，就可能产生虚假的赞美。比如，别人穿了一件新衣服，你觉得很美，就应该称赞这件衣服漂亮，这种赞美是诚心诚意的。如果你并不认为这件衣服漂亮，却为了讨好对方，故意说它美不可言，这就是虚伪客套了。至于逢迎献媚式的赞美，那就更不应该了。

2. 恰如其分

假如你有个朋友取得了某项成就,你说:"真不容易。"他听了会感到高兴,因为你肯定他作出别人没有做出的贡献。倘若你说这是一项"划时代的伟大贡献"、"揭开了某某领域的新篇章"、"是一座里程碑",那就会使被赞扬的人感到不舒服,甚至还会引起误解,认为你是借此来讽刺他。事实上,你也许丝毫没有冷嘲热讽的意思。为什么会产生这种错觉?就是因为你的赞美太过分了。

3. "明暗"并举

所谓"明",是指当面赞美;所谓"暗",是指背后赞美。当面赞美是需要的,但背后赞美更不能少。因为不为人知的赞美,往往是出于真心且不含任何条件的。当它传到被赞美者耳中时,对方所获得的心理好感,比当面赞美无疑多得多。只有当面赞美,没有背后赞美,这样的赞美动机恐怕有些不纯。如果当面赞美别人,背后又说别人坏话,这就属于人品有问题了。

4. "大小"并重

所谓"大"是指突出的优点和长处;所谓"小"是指微不足道的优点和长处。赞美前者的必要性比较容易理解,对小优点、小长处进行赞美,有些人就认为没有必要。其实,在现实生活中,一个人不可能经常做出令人刮目相看的业绩;人生乐章中,蕴含最多的,往往是平缓柔和的音符。所以,我们不应对平凡小事视若无睹。只要是好事，尽管它微不足道，你也应当赞美几句。在愉悦的心理满足中，被赞美者的行为也就得到了强化，对你的好感也会增加。当然，这里赞美的程度应当适度，小题大做也会使人觉得有失真诚。

5. 不含揶揄

在某公司办公室里，平时总是甲职员来得最早，扫地、擦桌子和打开水。有一天乙职员来得比甲早，主动做了甲做的事。甲来了就说："你今天来得真早，难得难得！"这句话的毛病在于，前一句话似乎在赞美别人，后一句话却又似乎在揶揄别人。如果两人关系不是太密切，这样的赞美就收不到良好的效果了。如果换句话说："你今天来得真早，吃饭了吗？"这就既赞美了别人，又含有关心之意，使人听了感到很舒服。

赞美他人必须遵循的原则

赞美别人时如不审时度势，不掌握一定的技巧，即使你是真诚的，也会变好事为坏事。所以，开口前一定要遵循以下法则：

1. 真诚。每个人都珍视真心诚意，它是人际交往中最重要的原则。英国专门研究社会关系的卡斯利博士曾说过：大多数人选择朋友都是以对方是否真诚而决定的。

2. 讲究场合，合乎时宜。赞美的效果在于相机行事、适可而止。当别人计划做一件有意义的事时，开头的赞扬能激励他下决心做出成绩，中间的赞扬有益于对方再接再厉，结尾的赞扬则可以肯定成绩，指出进一步的努力方向，而达到"赞扬一个，激励一批"的效果。

3. 具有特点。人的素质有高低之分，年龄有长幼之别，因人而异、突出个性、有特点的赞美比一般化的赞美能收到更好的效果。

4. 赞美一个人的行为或贡献比赞美他本人好。当你赞美一个人的行为或贡献时，你的赞许更显得真诚，而且，如果别人知道他的确值得被赞美，会获得最好的效果。赞美行为比赞美本人更可以避免功利主义或偏见。

5. 详实具体。在日常生活中，人们有非常显著成绩的时候并不多见。因此，交往应从具体的事件入手，善于发现别人哪怕是最微小的长处，并不失时机地予以赞美。赞美用语愈详实具体，说明你对对方愈了解，对他的长处和成绩愈看重。